PARABLE OF COMMUNITY

Parable of Community

the Rule
and other basic texts
of Taizé

Brother Roger
Prior of Taize

The Seabury Press · New York

1981
The Seabury Press
815 Second Avenue
New York, N.Y. 10017

Translated by Emily Chisolm and the Brothers
English translation copyright © Les Presses de Taizé 1980

Printed in the United States of America

Library of Congress Catalog Card Number: 80-54838

The Rule of Taizé was first
published in 1968 in French and English
by Les Presses de Taizé

CONTENTS

5

PREFACE

Through visits, publications, and even the mass media, people in the English-speaking world are becoming more and more familiar with the Ecumenical Community of Taizé, located in the tiny village of that name in the heart of the Burgundy region of eastern France. But in order to understand the community's underlying vision, the best source by far are the texts which come from Taizé itself, and in which the brothers express in words their attempt to respond to Christ's call and their searching with young people all over the world. This volume presents four such writings, all by the community's founder and prior, Brother Roger.

The first of these texts – printed here in a new, up-to-date translation – was written almost thirty years ago. During the winter of 1952–53, in the solitude of a long silent retreat, Brother Roger first put down on paper *The Rule of Taizé*. In it he expressed, for his brothers, 'the essential aspects of their common life.' He had already been living in Taizé for twelve years, alone for the first two and then in the company of his first brothers.

The following three texts date from much later. Beginning in the 1960s, young adults began coming to Taizé in ever greater numbers, and Brother Roger attempted to respond to their questions and preoccupations in a number of writings. The first of these letters was written in 1974 for the opening of the Council of Youth, which brought 40,000 people from throughout the world to the hill of Taizé. The final two texts were written in Africa and Latin America respectively, during visits in which Brother Roger and small groups of young people from every continent shared the lives and living conditions of some of the world's poorest people. Written in the same vein as *The Rule of Taizé*, they are meant for all, young and old, who are asking themselves what it means to live as a follower of Christ amidst the tensions and the struggles of the contemporary world.

THE RULE OF TAIZÉ

FOREWORD

Brother, if you submit to a common rule, you can only do so on account of Christ and the Gospel.[1]

From now on, your worship and your service are integrated in a brotherly community, itself set in the body of the Church. In the inner searching so necessary for your Christian life, you are stimulated by others' dynamism. You are not alone any more. Your brothers are to be reckoned with in everything.

So, far from groaning under the burden of a rule, rejoice: refusing to look back,[2] borne along with all by one and the same Word, every day you can once again hasten on towards Christ.

This rule contains the minimum needed for a community to grow up in Christ and devote itself to a common service of God. There is a risk implied in this resolve to set down only the essentials: your freedom might become a pretext for living according to your own impulses.

The sole grace of our Lord Jesus Christ assures you of salvation, so you have no disciplines to observe for their own sakes. The one aim of your search for self-mastery is greater availability. No pointless abstaining, keep to what God commands. Bear the burdens of others, accept whatever hurts each day brings, so that you are concretely in communion with the sufferings of Christ: there lies our main discipline.

You are afraid that a common rule may stifle your personality when its purpose is to free you from useless fetters, the better to bear responsibility and exercise all the boldness possible in your ministry.

You would restrict your understanding of the Gospel if you withheld some part of yourself for fear of losing your life. Unless the grain of wheat dies,[3] you cannot hope to see your life grow up and blossom into the fullness of Christian living.

Never stand still, advance with your brothers, race towards the goal in the steps of Christ. His path is a way of light – I am, but also, you are the light of the world[4] ... For the light of Christ to penetrate you, it is not enough to contemplate it (as though you were purely spirit); you have to set out resolutely, body and soul, along that path.

Be a sign for others of joy and brotherly love.

Open yourself to all that is human and you will find that every vain desire to escape from the world disappears. Be present to your age; adapt yourself to the conditions of the moment. Father, I pray you, not to take them out of the world, but to keep them from evil.[5]

Love the deprived, all who are suffering man's injustice and thirsting for justice. Jesus had special concern for them. Never be afraid of their bothering you.

To your parents show deep affection; let its very quality help them to recognise the absolute nature of your vocation.

Love your neighbour, whatever his religious or ideological point of view.

Never resign yourself to the scandal of the separation of Christians, all so readily professing love for their neighbour, yet remaining divided. Make the unity of Christ's Body your passionate concern.

COMMON PRAYER

The disciples, full of great joy, met in the temple praising you,[6] and I too will tell all the wonders you have done; you have turned my mourning into gladness, you have girded me with joy, so my heart will sing your praise and not keep silent.[7]

Our common prayer is set within the communion of saints, but for this communion with the believers of every age to become a reality, we have to give ourselves to fervent intercession for mankind and the Church.

The Lord could do without our intercessions and our praise. Yet it is God's mystery that he demands of us, his fellow-workers, to keep on praying and never tire.[8]

Let us be careful to seek the inner meaning of liturgical actions and strive to perceive, in signs accessible to people of flesh and blood, an invisible reality pertaining to the Kingdom. But let us beware of multiplying these signs, being careful to preserve their simplicity – the token of their worth for the Gospel.

The liturgical vestment is worn to remind us that our whole being has been clothed by Christ. It is a way of expressing our praise of the Lord other than by words.

The praise of Christ expressed by the liturgy penetrates us insofar as it continues throughout the humblest tasks. In the regular rhythm of our common prayer, the love of Jesus grows in us, we do not know how.[9]

Common prayer does not dispense us from personal prayer. The one sustains the other. Let us take time each day to renew our personal intimacy with Jesus Christ.

In Christ's company we are filled beyond measure,[10] therefore let us surrender ourselves to the living Word of God, allowing it to reach the secret depths of our being and take possession not only of our minds but of our bodies as well.

Christ, the Word made flesh, gives himself to us visibly in the Sacrament. Draw strength from the Eucharist, the meal of thanksgiving, and never forget that it is offered to the sick among the People of God. It is for you, frail and weak as you always are.

There is no point in being upset during the common prayer if the brothers find it hard to keep together while singing. Certainly, the surrender of ourselves to a life hidden in Christ can never justify laziness or routine; it can only signify the active participation of our whole being, mind and body together.

If your attention wanders, return to prayer as soon as you realise the fact, without lamenting over it. Should you experience your weakness even in the very heart of the prayer, do not forget that in you the essential has already been accomplished.

There are days when the common prayer becomes a burden to you. Then simply offer your body; your presence is already proof of your desire, not realisable for the moment, to praise your Lord. Believe in Christ's presence within you, even if you can feel no apparent resonance.

MEALS

Every meal ought to be an agape overflowing with brotherly love, joy and simplicity of heart.[11]

The silence sometimes observed during a meal offers refreshment when you are tired, or communion in prayer for the companion who is sharing bread with you.

THE COUNCIL

The aim of the council is to seek all the light possible on the will of Christ for the ongoing life of the community. The first step is to bring yourself into silence, to be ready to listen to your Lord.

Nothing is more unfavourable to objective judgement than the ties of particular affinity; we may incline to support a brother in the perhaps unconscious hope of obtaining his support at some point in return. Nothing is more contrary to the spirit of the council than a search which has not been purified by the sole desire to discern God's will.

If there is one time when it is important to seek peace and pursue it,[12] avoid disputes and the temptation to prove yourself right, it is during the council.

Avoid a tone that precludes reply, the categorical 'we must'. Do not build up clever arguments to make yourself heard; express in a few words what you feel conforms most closely to God's plan, without imagining that you can impose it.

To avoid encouraging any spirit of rivalry, the prior is responsible before his Lord for making decisions without being bound by a majority. Set free from human pressures, he listens with the same attention to the most timid brother as to a brother full of self-assurance. If he senses a lack of real agreement on an important question, he should reserve judgement and, in order to advance, make a provisional decision, ready to review it later; standing still is disobedience for brothers advancing towards Christ. The prior knows best what each one is capable of; if a brother is to be given a responsibility, he is the first to propose it.

The council is composed of the brothers who have made profession; brothers who are absent are consulted by the prior or by a brother he has chosen.

HARMONY

Life in community is not possible without a minimum of harmony.

Why would you inconvenience your brothers by being late, or neglectful?

If some major reason demands your absence and you are unable to be present at an act of the community, do not excuse yourself through an intermediary.

Never be a hindrance by a lack of eagerness to return to the brothers with whom you have committed yourself totally, mind and body.

THROUGHOUT YOUR DAY
LET WORK AND REST
BE QUICKENED
BY THE WORD OF GOD

In your life of prayer and meditation look for the words God addresses to you, and put them into practice at once. So read little, but take your time over it.

If your praying is to be genuine, you need to be at grips with the demands of work. A careless or half-hearted attitude would make you incapable of true intercession. Strive for regularity in your work. Your prayer becomes total when it is one with your work.

Hour by hour pray, work or rest, but all in God.

In the work you do, never make comparisons between yourself and the other brothers. Your place is necessary for the witness of the whole community – in all simplicity, know how to keep it.

KEEP INNER SILENCE IN ALL THINGS AND YOU WILL DWELL IN CHRIST

Inner silence requires us first to forget our own selves and so quieten conflicting voices and master obsessive anxiety, constantly beginning again, never discouraged because always forgiven. It makes possible our conversation with Jesus Christ.

But who does not dread this silence, preferring to relax when it is time for work, then fleeing prayer and wearing himself out at useless jobs, neglecting his neighbour and himself?

Your dialogue with Christ demands this silence. Unless you keep offering him everything, and talk to him with the simplicity of a child, how will you find inner unity when by nature you are anxious or complacent?

You fear that this inner silence may leave some question within you unsettled? Then make a note of what is troubling you or causing resentment; the solution can be found later.

There are times when the silence of God in his creatures comes to a climax. Alone in retreat, we are renewed by the intimate encounter with Christ.

Peace and quiet are important for love of the brothers who are praying, reading, writing or, in the evening, resting.

Discretion in speech or gesture has never prevented human contact; only mute silence could cause relationships to break down. That is not required of us, because by itself it is not conducive to the true spirit of inner silence.

BE FILLED
WITH
THE SPIRIT OF
THE BEATITUDES:
JOY,
MERCY,
SIMPLICITY

JOY

In the communion of saints, day after day we sing the Lord's renewed compassion,[13] and his mercy kindles our fervour.

True joy begins within.

Acting the fool has never restored joy. Remember that there is no clear dividing-line between simple joking and the irony which turns a smile into a grimace. Mockery, the poison of any common life, is perfidious because it serves to cloak so-called truths which nobody would dare to express in direct conversation. It is cowardly, because it demolishes a brother in front of others.

Perfect joy lies in the utter simplicity of peaceful love. In order to shine out, such joy requires no less than your whole being.

Do not be afraid of sharing in others' trials, do not be afraid of suffering, for it is often in the depth of the abyss that we discover the perfection of joy in communion with Jesus Christ.

Perfect joy is self-giving. Whoever knows it seeks neither gratitude nor kindness. It is sheer wonder renewed by the sight of the generosity of the Giver of all gifts, material and spiritual. It is thankfulness. It is thanksgiving.

MERCY

As peace with Christ involves peace with your neighbour, seek reconciliation, make amends where you can.

Forgive your brother seventy times seven times.[14]

You may fear that a brother's pride will be flattered if you forget his offence: in that case exhort him, but only when the two of you are alone, and with the gentleness of Christ. If you refrain from doing so in order to safeguard your need of influence or popularity with certain brothers, you become an occasion of stumbling in the community.

Always be ready to forgive. Do not forget that love also finds expression in marks of mutual consideration. No weak sentimentality, and no harsh words. Consider when you speak impatiently how Christ is hurt.

Refuse to indulge in personal dislikes. They can easily flourish when the large number of brothers means that you cannot be open and free with everyone. Your natural inclinations may lead you to be prejudiced from the start, to judge your neighbour by his bad side. Let yourself be filled instead with an abundance of friendship for all.

Avoid petty disagreements between brothers. Nothing is more divisive than endless discussions about everything under the sun. See that you stop them when necessary. Refuse to listen to insinuations about a brother. Be a ferment of unity.

If you have doubts about a brother's attitude, and either you cannot talk to him about it or he refuses to listen to you, confide them to the prior and see together what can be done to help that brother. Should he then refuse to listen to you both, tell the community.[15]

Because of the weakness of your flesh, Christ offers you visible and repeated signs of his forgiveness. Absolution restores you to the joy of a reconciliation.[16] Still, you have to ask for it. The sin of one member marks the whole body, but God's forgiveness reintegrates into the community. Confession is made to one particular brother, chosen with the prior.

Anyone who lives in mercy is neither over-sensitive nor constantly disappointed. He gives himself simply, forgetting himself; joyfully, with all his heart; freely, not looking for anything in return.

SIMPLICITY

Availability means constantly simplifying your mode of living, not by constraint but by faith.

Flee the devious paths through which the tempter seeks you. Throw aside all useless burdens, the better to bring to Christ your Lord those of your fellow men.

In the transparency of brotherly love, admit your mistakes simply, never using them as a pretext for pointing out those of others. Wherever they are, brothers practise brief and frequent sharing together.

Simplicity is also loyalty towards oneself as a way of acquiring limpidity. It is a way of openness towards our neighbour.

Simplicity lies in the free joy of a brother who has given up any obsession with his own progress or backsliding to keep his eyes fixed on the light of Christ.

CELIBACY

Celibacy brings greater freedom to attend to the things of God,[17] but it can only be accepted with the aim of giving ourselves more completely to our neighbour with the love of Christ himself.

Our celibacy means neither indifference nor a break with human affections; it calls for their transfiguration. Christ alone can convert our passions into total love of our neighbour. When selfishness is not transcended by growing generosity, when you no longer resort to confession to overcome the need for self-assertion contained in every passion, when the heart is not constantly brimming over with great love, you can no longer let Christ love in you and your celibacy becomes a burden.

This working of Christ in you demands infinite patience.

Purity of heart is contrary to all natural tendencies.

Impurity, even in the imagination, leaves psychological traces which are not always removed instantly by confession and absolution. The main thing is to keep living new beginnings as a Christian never disheartened because always forgiven.

Purity of heart is closely linked with transparency. Do not display your difficulties, but do not withdraw either as though you were superhuman and exempt from struggles.

Refuse to connive in vulgarity. Certain jokes can revive the difficulties of brothers who are striving to remain pure in heart.

There is a slackness of attitude which could veil the true meaning of the difficult yet joyful commitment of chastity. Remember that your behaviour and your bearing are signs; neglect of them can hinder us on our way forward together.

Purity of heart can only be lived in spontaneous, joyful self-forgetting, as we give our lives for those we love.[18] Giving ourselves in this way means accepting that our susceptibilities will often be wounded.

There is no friendship without purifying suffering.

There is no love for our neighbour without the Cross. Only by the Cross can we know the unfathomable depths of love.

COMMUNITY OF GOODS

The pooling of goods is total.

The audacity involved in putting to good use all that is available at any time, not laying up capital and not fearing possible poverty, is a source of incalculable strength.

But if, like Israel, you save the bread from heaven for tomorrow,[19] you are in danger of pointlessly overstraining the brothers whose vocation is to live in the present.

Poverty has no virtue in itself.

The poor of the Gospel learn to live without having the next day's needs ensured, joyfully confident that everything will be provided.

The spirit of poverty does not mean looking poverty-stricken, but disposing everything in creation's simple beauty.

The spirit of poverty means living in the joyfulness of each present day. If for God there is the generosity of distributing all the good things of the earth, for man there is the grace of giving what he has received.

THE PRIOR, SERVANT OF COMMUNION

Without unity, there is no hope for bold and total service of Jesus Christ. Individualism breaks up the community and brings it to a halt.

The prior inspires unity within the community.

He points the way in matters of practical detail, but for every important question he listens to the council before making a decision.

The brothers should remain spontaneous with him; but remembering that the Lord has entrusted him with a charge, they should be attentive to all that concerns his ministry.

By their attitude of trust, the brothers renew the prior in the seriousness of his vocation for the joy of all; by their spirit of petty demands, they paralyze his ministry.

Each brother should frankly tell the prior, in private, the fears he may have. Revolt expressed before others is bound to contaminate, and it is here that the tempter finds his best weapons to divide what must remain one. Beware of childish reactions which accuse others when it would be more appropriate first to accuse ourselves.

The spirit of perfection, if that means imposing one's own point of view as the best, is a scourge in the community. True perfection, precisely, is bearing the imperfections of our neighbour, for sheer love.

The prior is subject to the same failings as his brothers. If they love him for his human qualities, they risk no longer accepting him in his ministry when they discover his faults.

The prior appoints a brother to ensure continuity after him.

Making decisions is a formidable task for the prior.

He should keep alert and pray so as to build up the whole body in Christ.

He should look for the special gifts of each brother, so that the brother can discern them for himself.

35

He should not consider his charge to be superior, nor must he assume it in a spirit of resignation. He should bear in mind only that it has been entrusted to him by Christ, to whom he will have to give account.

He should root out all authoritarianism in himself, but never be weak, in order to maintain his brothers in God's plan. He should prevent the authoritarian from dominating and give confidence to the weak.

He should arm himself with mercy and ask Christ to grant it as the grace most essential for him.

BROTHERS ON MISSION

Like the disciples sent out two by two,[20] brothers on mission are witnesses to Christ, called to be a sign of his presence among all men and bearers of joy.

Everywhere and at all times, they represent the community; the witness of the whole body depends on their attitude. They keep the prior regularly informed about their life. They should not venture into any new project without his agreement, as he is responsible for consulting others. If brothers on mission fail to keep this close contact, they very soon break the unity of the body.

If they are two or more, the prior designates one of them to be in charge.

Their spiritual life is that of the community.

NEW BROTHERS

To prepare himself to follow Christ, each new brother requires time to mature.

He should beware of the illusion that he has now arrived. Even if he assimilates rapidly, he needs time to understand the vocation in its utmost consequences.

As long as we are not known by new brothers, we are tempted to monopolise them for ourselves. We should remember that there are brothers appointed to listen to them and to prepare them for profession.

GUESTS

In each guest it is Christ himself whom we have to receive; so let us learn to be welcoming and be ready to offer our free time. Our hospitality should be generous and discerning.

During meals the brothers should be attentive to the presence of a guest and be careful not to disconcert him.

Certain brothers are responsible for the welcome while other brothers continue with their work. This helps to avoid dilettantism.

CONCLUSION

There is a danger in having indicated with this rule only the essentials for a common life. Better run this risk, and not settle into complacency and routine.

If this rule were ever to be regarded as an end in itself, dispensing us from always searching to discover more of God's plan, more of the love of Christ, more of the light of the Holy Spirit, we would be laying a useless burden on our shoulders: better then never to have written it.

If Christ is to grow in me, I must know my own weakness and that of my brothers. For them I will become all things to all, and give even my life, for Christ's sake and the Gospel's.[21]

EXHORTATION READ AT PROFESSION

Brother, what do you ask?

The mercy of God and the community of my brothers.

May God complete in you what he has begun.

Brother, you trust in God's mercy: remember that the Lord Christ comes to help the weakness of your faith; committing himself with you, he fulfils for you his promise:

'Truly, there is no one who has given up home, brothers, sisters, mother, father, wife or children for my sake and the Gospel's, who will not receive a hundred times as much at present – homes and brothers and sisters and mothers and children – and persecutions too, and in the age to come eternal life.'[22]

This is a way contrary to all human reason; like Abraham you can only advance along it by faith, not by sight,[23] always sure that whoever loses his life for Christ's sake will find it.[24]

From now on walk in the steps of Christ. Do not be anxious about tomorrow.[25] First seek God's Kingdom and its justice.[26] Surrender yourself, give yourself, and good measure, pressed down, shaken together, brimming over, will be poured out for you; the measure you give is the measure you will receive.[27]

Whether you wake or sleep, night and day the seed springs up and grows, you do not know how.[28]

Avoid parading your goodness before people to gain their admiration.[29] Never let your inner life make you look sad, like a hypocrite who puts on a grief-stricken air to attract attention. Anoint your head and wash your face, so that only your Father who is in secret knows what your heart intends.[30]

Stay simple and full of joy, the joy of the merciful, the joy of brotherly love.

Be vigilant. If you have to rebuke a brother, keep it between the two of you.[31]

Be concerned to establish communion with your neighbour.

Be open about yourself, remembering that you have a brother whose charge it is to listen to you. Bring him your understanding so that he can fulfil his ministry with joy.[32]

The Lord Christ, in his compassion and his love for you, has chosen you to be in the Church a sign of brotherly love. It is his will that with your brothers you live the parable of community.

So, refusing to look back,[33] and joyful with infinite gratitude, never fear to outstrip the dawn,[34]

praising
blessing
and singing
Christ your Lord.

THE COMMITMENTS
MADE AT
PROFESSION

Receive me, Lord, and I will live;
may my expectation be a source of joy.

Brother, remember that it is Christ who
calls you and that it is to him that you are
now going to respond.

Will you, for love of Christ, consecrate
yourself to him with all your being?
   I will.
Will you henceforth fulfil your service of
God within our community, in communion with your brothers?
   I will.
Will you, renouncing all ownership, live
with your brothers not only in community of material goods but also in
community of spiritual goods, striving
for openness of heart?
   I will.
Will you, in order to be more available to
serve with your brothers, and in order to

give yourself in undivided love to Christ, remain in celibacy?

I will.

Will you, so that we may be of one heart and one mind and so that the unity of our common service may be fully achieved, adopt the orientations of the community expressed by the prior, bearing in mind that he is only a poor servant of communion in the community?

I will.

Will you, always discerning Christ in your brothers, watch over them in good days and bad, in suffering and in joy?

I will.

In consequence, because of Christ and the Gospel, you are henceforth a brother of our community.

PRAYER

Lord Christ, gentle and humble of heart,
we hear your timid call:
'You, follow me.'
You give us this vocation
so that together we may live a parable of
communion and, having taken the risk of an
entire lifetime, we may be ferments of
reconciliation in that irreplaceable
communion called the Church.
Show us how to respond courageously,
without getting trapped
in the quicksand of our hesitations.
Come, so that we may be sustained
by the breath of your Spirit,
the one thing that matters,
without which nothing impels us
to keep on moving forward.
You ask all who know
how to love and suffer with you
to leave themselves behind and follow you.
When, to love with you and not without you,
we must abandon some project contrary to your
plan, then come, O Christ,
and fill us with quiet confidence:
make us realise that your love
will never disappear,
and that to follow you means giving our lives.

A LIFE
WE NEVER DARED HOPE FOR

The following letter has also been published at the end
of the third volume of Brother Roger's journal
(1972–74), likewise entitled *A Life We Never Dared
Hope For*.

I know you want to fashion your life in communion with Christ who is love, so I have written this letter for you. You will feel freer to move from one provisional stage to the next, if you rely throughout your life on a small number of essential values – a few simple truths.

HE LOVED YOU FIRST

Together with the whole people of God, with people from all over the world, you are invited to live a life exceeding all your hopes. On your own, how could you ever experience the radiance of God's presence?

God is too dazzling to be looked upon. He is a God who blinds our sight. It is Christ who channels this consuming fire, and allows God to shine through without dazzling us.

Christ is present, close to each one of us, whether we know him or not. He is so bound up with us that he lives within us, even when we are unaware of him. He is there in secret, a fire burning in the heart, a light in the darkness.

But Christ is also someone other than yourself. He is alive; he stands beyond, ahead of you.

Here is his secret: he loved you first.

That is the meaning of your life: to be loved for ever, loved to all eternity, so that you, in turn, will dare to die for love. Without love, what is the point of living?

From now on, in prayer or in struggle, only one thing is disastrous, the loss of love. Without love, what is the good of believing, or even of giving your body to the flames?

Do you see? Contemplation and struggle arise from the very same source, Christ who is love.

If you pray, it is out of love. If you struggle to restore dignity to the exploited, that too is for love.

Will you agree to set out on this road? At the risk of losing your life for love, will you live Christ for others?

WITH PEOPLE ALL OVER THE WORLD

On our own, what can we do to give the voiceless their say, and to promote a society without class?

With the whole People of God, collectively, it is possible to light a fire on the earth.

One of Christ's questions hits home. When that poor person was hungry, did you recognise me in him? Where were you when I was sharing the life of the utterly destitute? Have you been the oppressor of even one single human being? When I said 'Woe to the rich' – rich in money, or rich in dogmatic certainties – did you prefer the illusions of wealth?

Your struggle cannot be lived out in ideas that fly from pillar to post and never become reality.

Break the oppressions of the poor and the exploited, and to your astonishment you will see signs of resurrection springing up, here and now.

Share all you have for greater justice.

Make no one your victim. Brother to all, a universal brother, run to whoever is despised and rejected.

'Love those who hate you. Pray for those who wrong you.' In hatred, how could you reflect anything of Christ? 'Love your neighbour as yourself.' If you hated yourself, what damage that would do!

But as your life has been filled to overflowing, you try to understand everything in others.

The closer you come to communion, the more efforts the tempter will make. To be free of him, sing Christ until you are joyful and serene.

Tensions can be creative. But when your relationship with someone has deteriorated into seething inner contradictions and non-communication, remember that beyond the desert something else lies waiting.

We judge other people by what we are ourselves, by our own hearts. Remember only the best you have found in others. With words of liberation on your lips, not a mouthful of condemnation, do not waste your energy looking at the speck in your brother's eye.

If you suffer unfair criticism for the sake of Christ, dance and forgive as God has forgiven. You will find that you are free, free beyond compare.

In any disagreement, what is the point of trying to find out who was right and who was wrong?

Have nothing to do with clever diplomacy; aim at transparency of heart; never manipulate another's conscience, using his anxiety as a lever to force him into your scheme of things.

In every domain, when things are too easy creativity is low. Poverty of means leads to living intensely, in the joy of the present moment. But joy vanishes if poverty of means leads to austerity or to judging others.

Poverty of means gives birth to a sense of the universal. And the festival begins once more. The festival will never end.

If festival disappeared from mankind... If we were to wake up, one fine morning, in a society replete but emptied of all spontaneity... If praying became mere words, so secularised that it lost all sense of mystery, leaving no room for the prayer of gesture and posture, for poetry, for emotion or for intuition ... If we were to lose childlike trust in the Eucharist and the Word of God ... If, on our grey days, we were to demolish all we had grasped on days of light ... If we were to decline the joy offered by Him who eight times over declares 'Happy' (Matthew 5).

If festival disappears from the Body of Christ, if the Church is a place of retrenchment and not of universal comprehension, in all the world where could we find a place of friendship for the whole of humanity?

WE ARE OURSELVES ONLY IN GOD'S PRESENCE

If you feel no sense of God's presence within you when you pray, why worry? There is no precise dividing-line between emptiness and fullness, any more than between doubt and faith, or fear and love.

The essential is always concealed from your own eyes. But that only makes you more eager than ever to progress towards the one reality. Then, gradually, it becomes possible to sense something of the depth and the breadth of a love beyond all comprehension. At that point you touch the gates of contemplation, and there you draw the energy you need for new beginnings, for daring commitments.

Discovering what kind of person you are, with nobody there to understand you, can provoke a sense of shame at being alive, strong enough to lead to self-destruction. At times it makes you feel that you are living under sentence. But, for the Gospel, there is neither 'normal' nor 'abnormal', only human beings, made in the image of God. Then who could condemn? Jesus prays in you. He offers the liberation of forgiveness to all who live in poverty of heart, so that they, in their turn, may become liberators of others.

In every single one of us there is a place of solitude no human relationship can fill, not even the deepest love between two individuals. Anyone who does not accept this solitude sooner or later revolts against other people, and against God himself.

And yet you are never alone. Let yourself be plumbed to the depths, and you will realise that everyone is created for a presence. There, in your heart of hearts, in that place where no two people are alike, Christ is waiting for you. And there the unexpected happens.

In a flash, the love of God, the Holy Spirit, streaks through each one of us like lightning in our night. The risen Christ takes hold of you, and he takes over. He takes upon himself everything that is unbearable. It is only later, sometimes much later, that you realise: Christ came, he gave his overflowing life.

The moment your eyes are opened you will say, 'My heart was burning within me as he spoke.'

Christ does not destroy flesh and blood. In communion with him there is no room for alienation. He does not break what is in us. He has not come to destroy, but to fulfil. When you listen, in the silence of your heart, he transfigures all that troubles you most. When you are shrouded in what you cannot understand, when darkness gathers, his love is a flame. You need only fix your gaze on that lamp burning in the darkness, till day begins to dawn and the sun rises in your heart.

HAPPY ARE THEY WHO DIE FOR LOVE

Never a pause, O Christ, in your persistent questioning: 'Who do you say that I am?'

You are the one who loves me into endless life.

You open up the way of risk. You go ahead of me along the way of holiness, where happy are they who die of love, where the ultimate response is martyrdom.

Day by day you transfigure the 'No' in me into 'Yes'. You ask me, not for a few scraps, but for the whole of my existence.

You are the one who prays in me day and night. My stammerings are prayer: simply calling you by your name, Jesus, fills our communion to the full.

You are the one who, every morning, slips on my finger the ring of the prodigal son, the ring of festival.

So why have I wavered so long? Have I 'exchanged the glory of God for something useless; have I left the spring of living water to build myself cracked cis-terns that hold nothing?' (Jeremiah 2)

You have been seeking me unweary-ingly. Why did I hesitate once again, asking for time to deal with my own affairs? Once I had set my hand to the plough, why did I look back? Without realising it, I was making myself unfit to follow you.

Yet, though I had never seen you, I loved you.

You kept on saying: live the little bit of the Gospel you have grasped. Proclaim my life. Light fire on the earth... You, follow me...

Until one day I understood: you were asking me to commit myself to the point of no return.

PRAYER

You are the God of every human being
and, too dazzling to be looked at,
you let yourself be seen as in a mirror,
shining on the face of Christ.
We are eager
to glimpse a reflection of your presence
in the obscurity of persons and events –
so open in us the gates of transparency
of
heart.
In that portion of solitude
which is the lot of every one,
come and refresh
the dry and thirsty ground of our body
and our spirit.
Come and place a spring of living water
in the lifeless regions of our being.
Come and bathe us in your confidence
to make even our inner deserts
burst into flower.

THE WONDER OF A LOVE

The following letter has also been published at the end
of the fourth volume of Brother Roger's journal
(1974–76), likewise entitled *The Wonder of a Love*.

You are seeking fulfilment, so from Africa I am writing you this letter. It is the sequel to another letter, 'A Life We Never Dared Hope For'.

HE NEVER FORCES ANYONE'S HAND

You keep on asking me, 'How can I find fulfilment?'

If only I could lay my hand on your shoulder and go with you along the way.

Both of us together, turning towards Him who, recognised or not, is your quiet companion, someone who never imposes himself.

Will you let him plant a source of refreshment deep within you? Or will you be so filled with shame that you say, 'I am not good enough to have you near me?'

What fascinates in God is his humility. He never punishes, never domineers nor wounds human dignity. Any authoritarian gesture on our part disfigures his face and repels.

As for Christ, 'poor and humble of heart', – he never forces anyone's hand.

If he forced himself upon you, I would not be inviting you to follow him.

In the silence of the heart, tirelessly he whispers to each of us, 'Don't be afraid; I am here.'

DYING AND RISING WITH JESUS

To joy he calls us, not to gloom.

No groaning at the bonds that bind you, or the tyranny of a self you want to preserve. No drawing back into yourself, intent on mere survival, but at every stage in life, a new birth.

His joy not for your private possession, or all happiness would flee.

I would like to help you make your life a poem of love with him. Not a facile poem, but through the very greyness of your days, his joyfulness, even hilarity. Without them, how could there be fulfilment?

Whatever your doubts or your faith, he has already placed ahead of you what fires your enthusiasm.

Nobody can answer for you. You and you alone must dare.

But how?

Go to the ends of the earth and plunge into the conditions of those society rejects; overturn the powers of injustice; restore human dignity: is that taking risks? Yes, but that's not all there is to life.

Or again: sharing all you own, could that be the risk of the Gospel?

As you try to follow Christ, the day will come when you are irresistibly drawn to that. Responding will mean drinking deep at the unfailing springs. Anyone refusing to quench his thirst there first would become, unconsciously, a doctrinaire of sharing.

But what is the greatest risk to which this Man of humble heart invites everyone? It is 'dying and rising with Jesus.'

Passing with him from death to life; at times accompanying him in his agony for all the human family and, each day anew, beginning to rise from the dead with him.

Joyful, not overwhelmed. Every moment, leaving everything with him, even your weary body. And using no exotic methods, for then you would have lost the sense of praying.

Will you be able to wait for him when your heart cries out in loneliness, and the ultimate question is torn from your soul, 'But where is God?'

Wait for him, even when body and spirit are dry and parched. Wait, too, with many others for an event to occur in man's present day. An event which is neither marvel nor myth, nor a projection of yourself. The fruit of prayerful waiting, it comes concretely in the wake of a miracle from God.

In prayer, prayer that is always poor, like lightning rending the night, you will discover his secret: you can find fulfilment only in the presence of God . . . and also, you will awaken others to God, first and foremost, by the life you live.

With burning patience, don't worry that you can't pray well. Surely you know that any spiritual pretension is death to the soul before you begin.

Even when you cannot recognise him, will you stay close to him in long silences when nothing seems to be happening? There, with him, life's most significant decisions take shape. There the recurring 'what's the use?' and the scepticism of the disillusioned melt away.

Tell him everything, and let him sing within you the radiant gift of life. Tell him everything, even what cannot be expressed and what is absurd.

When you understand so little of his language, talk to him about it.

66

In your struggles, he brings a few words, an intuition or an image to your mind... And within you grows a desert flower, a flower of delight.

THE FIRE OF HIS FORGIVENESS

Fulfilment? I would like to clear you a path to the springs of living water. There and nowhere else, imagination and the potent energies of risk blossom and flourish.

Don't you see? In every human being, a gift that is unique. Everything exists to a greater or lesser degree within you, every possible tendency. In you fertile fields, in you scorched deserts.

Fulfilment? Don't count yourself among those who have made it. You would lose vital energies, and the transfiguration of the will into creative potential.

No self-indulgence. Don't waste time in dead-end situations. Move on, unhesitating, to the essential step, and quickly.

Unconsciously, you may wound what you touch. Only Christ can touch without wounding.

Consider your neighbour not just in one stage of his life, but in all its phases. So don't try to separate the weeds from the wheat. You will only uproot them both and leave devastation behind you, exchanging the gleaming pearl for cracked earth that cannot hold water.

But you say, 'How can I fulfil myself when there is an image from my past which covers the spring of living water in ashes? . . . Forget the ravages of the past? Nobody can do that; nor the still throbbing pangs of clinging regret.'

But let just one sigh rise from deep within you, and already you are overflowing with confidence. What holds you in its clutches is being dealt with by God.

For you, this prayer: 'Forgive them, they don't know what they are doing; forgive me, I didn't know what I was doing.'

'Love!' It's easily said. Forgiving means loving to the utmost . . . Forgive not in order to change the other person but solely to follow Christ. No one can come closer to the living God than that . . . And you yourself become a source of forgiveness.

In times of darkness, when life loses its meaning and you are unsure even of your own identity, a flame still burns bright enough to lighten your night . . .

... The fire of his forgiveness plunges deep within you, dispelling your own confusion; he calls you by your name; and the fire burns away your bitterness to its very roots. That fire never says 'enough.'

BECOME WHAT YOU ARE

Fulfilment? Could you be hesitating over a choice for fear of making a mistake? Bogged down perhaps in the mire of indecision?

The fact is, a yes to Christ for life is surrounded by an element of error; but this is already purified, from the start, by an act of faith. So set out unseeing, taking him at his word.

Don't summon your own darkness again to cover your refusal. Happy all who tear their hand from their eyes to take the greatest of all risks, 'dying and rising with Christ.'

Fulfilment? Become what you are in your heart of hearts.

. . . and the gates of childhood will open, the wonder of a love.

PRAYER

Breath of Christ's loving,
flood over all who experience fears or little
deaths; breathe your resurrection
into our very minds, our very flesh.
Happy are they who take the greatest of all
risks and live a passover with Christ.
Yes, keeping close to you,
Jesus our joy,
in your agony for us all
and also in your resurrection.
Happy whoever tears his hand from his eyes
and no longer calls upon his darkness
to cover his refusal.
O Christ, you know that,
without intending to,
when we touch our neighbour
we sometimes wound.
While your touch never wounds
and tirelessly you remind us:
'Don't be afraid; I am here.'

ITINERARY FOR A PILGRIM

To struggle with a reconciled heart

This text was written in Latin America with a group of young people. It forms part of a 'Letter to All Communities.'

CELEBRATE THE MOMENT WITH GOD

Without looking back, you want to follow Christ: here and now, in the present moment, turn to God and trust in the Gospel. In so doing, you draw from the sources of jubilation.

You think you do not know how to pray. Yet the Risen Christ is there; he loves you before you love him. By 'his Spirit who dwells in our hearts', he intercedes in you far more than you imagine.

Even without recognising him, learn to wait for him with or without words, during long silences when nothing seems to happen. There obsessive discouragements vanish, creative impulses well up. Nothing can be built up in you without this adventure – finding him in the intimacy of a personal encounter. No one can do it for you.

When you have trouble understanding what he wants of you, tell him so. In the course of daily activities, at every moment, tell him all, even things you cannot bear.

Do not compare yourself with others, and with what they can do. Why wear yourself out regretting what is impossible for you? Could you have forgotten God? Turn to him. No matter what happens, dare to begin over and over again.

If you were to accuse yourself of all that is in you, your days and nights would not suffice. You have something better to do: in the present moment, celebrate God's forgiveness, despite the resistances to believing yourself forgiven, whether by God or by others.

When inner trials or incomprehensions from without make themselves felt, remember that in the very same wound where the poison of anxiety festers, there too the energies for loving are born.

If you seem to be walking in a thick fog, waiting for him, Christ, means giving him the time to put everything in its place . . . A fountain of gladness will spring up in the desert of your heart. Not a euphoric bliss, not just any kind of joy, but that jubilation which comes straight from the wellsprings of Eternity.

STRUGGLE WITH A RECONCILED HEART

Without looking back, you want to follow Christ: be prepared, in a life of great simplicity, to struggle with a reconciled heart.

Wherever you are placed, do not be afraid of the struggle for the oppressed, whether believers or not. The search for justice calls for a life of concrete solidarity with the very poorest ... words alone can become a drug.

Prepare yourself as well, whatever the cost, for that struggle within yourself to remain faithful to Christ until death. This continuity of an entire lifetime will create in you an inner unity enabling you to pass through anything.

Struggling with a reconciled heart means being able to stand firm in the midst of crippling tensions. Far from smothering your energies, this struggle calls upon you to gather together all your vital forces.

Your intentions will perhaps be distorted. If you remain unforgiving, if you refuse a reconciliation, what do you reflect of Christ? Without a prayer for your opponent, what darkness within you! If you lose the ability to forgive, you have lost everything.

Alone, you cannot do much for others. Together, in community, animated by the breath of Christ's loving, a way forward opens up leading from aridity to a common creation. And when a community is a ferment of reconciliation in that communion which is the Church, then the impossible becomes possible.

You try to be leaven in the dough, you try to love the Church, and so often you come up against internal divisions that tear apart Christ's Body, his Church. What characterises those who seek reconciliation is that, following Christ, they wish to fulfill more than to destroy, to understand more than to exhort. At all times they remain within, until the very fragilities of the Church are transfigured.

When divisions and rivalries bring things to a standstill, nothing is more important than setting out to visit and listen to one another, and to celebrate the paschal mystery together.

When you are afraid of being criticised, in order to protect yourself, spontaneously you may react by taking the initiative and criticising first. Would you make use of the weapon of a guilty conscience, so contrary to the Gospel, to get something from another? Try to understand others with that all-important trust which comes from the heart; the intelligence will catch up later.

Far from lighting short-lived blazes, give your life to the end, and day after day it will become a creation with God. The further you advance in a communion with Christ, the more you are led to find concrete steps to take in your daily life.

ACCOMPANY CHRIST BY A
SIMPLE LIFE

Without looking back, you want to follow Christ: remember that you cannot walk in Christ's footsteps and at the same time follow yourself. He is the way, a way leading you irresistibly to a simple life, a life of sharing.

The Gospel calls you to leave all things behind. But leaving yourself behind is not a matter of self-destruction; it means choosing God as your first love. Simplifying and sharing does not entail opting for austerity or that self-sufficiency which is a burden on others. Nor does it mean glorifying a harsh and abject poverty.

Simplify in order to live intensely, in the present moment: you will discover the joy of being alive, so closely linked to joy in the living God. Simplify and share as a way of identifying with Christ Jesus, born poor among the poor.

If simplifying your existence were to awaken a guilty conscience because of all you can never achieve, then stop and take the time to think things over: jubilation, not groaning; everything around you should be festive. Use your imagination in arranging the little you have, to bring gaiety to the monotony of your days.

You need so little to live, so little to welcome others. When you open your home, too many possessions are a hindrance rather than a help to communion with others. Wearing yourself out to ensure an easy life for members of your family risks placing them in a relationship of dependence.

Do not worry if you have very little to share – such weak faith, so few belongings. In the sharing of this little, God fills you to overflowing, inexhaustibly.

PRAYER

O Christ,
in every creature you place
first and for ever a word:
God's forgiveness and his confidence in us.
To walk in your footsteps
you offer us the energy always to begin anew.
Following you
through the humble events of every day
means discerning a way –
not a law burdening us with obligations,
but you, O Christ, you are the Way
and on this road God comes to meet us.

ABOUT THE TAIZÉ COMMUNITY

ABOUT THE TAIZÉ COMMUNITY

Taizé is the name of a tiny village hidden away in the hills of Burgundy, in the eastern part of France, not far from the town of Cluny. Since 1940 it is also the home of an ecumenical community of brothers whose prayer, three times each day, is at the centre of their life. Finally, today Taizé is a place to which visitors of all ages and backgrounds come on pilgrimage, and to participate in international meetings of prayer and reflection.

Brother Roger first came to the village of Taizé in 1940, at the age of twenty-five. He dreamt of starting a community 'on account of Christ and the Gospel', and he chose to do so in an area in those years strongly marked by human distress. It was wartime, and his house became a place of welcome for refugees, especially Jews, fleeing from the Nazi occupation. After living alone for two years he was joined by his first brothers, and in 1949, when there were seven of them, together they committed themselves for life to celibacy and to life together. Year after year, other brothers make the same monastic commitments.

At first, the community was made up of brothers from different Protestant denominations. Today it includes many Catholics as well. By its very nature Taizé is an ecumenical community. It is also international: its eighty or so brothers come from some twenty different countries throughout the world. All the brothers do not always remain in Taizé; some live in small groups, known as fraternities, among the poor on different con-

85

tinents. Since 1966, members of an international Catholic congregation of sisters, who live according to the spirit of St Ignatius of Loyola, have taken responsibility for a large part of the work of welcoming people to Taizé; their house is located in a nearby village.

Taizé's vocation is to strive for communion among all. From its beginnings, the community has worked for reconciliation among Christians split apart into different denominations. But the brothers do not view reconciliation among Christians as an end in itself: it concerns all of humanity, since it makes the Church a place of communion for all.

During the first twenty years of its existence, the community lived in relative isolation. Then, gradually, young people between the ages of 18 and 30 began coming to Taizé, in ever-increasing numbers. Out of this grew the idea of holding a 'Council of Youth.' Announced in 1970, opened at Taizé in 1974 with 40,000 people present, for years it has involved people from all over the world in a common search.

In Taizé itself this search takes place during the international meetings which bring young people from many different countries to the hill throughout much of the year. Participants enter into the prayer of the community, and share their lives and concerns with one another; they look for ways of living lives of prayer and commitment in their own local situations. Others come to Taizé to confront their lives with the Gospel in the solitude of a silent retreat.

But this search is not limited to the hill of Taizé. Through meetings and visits it spreads out to many countries and continents. From time to time, too, letters are written by the young people to allow others as well to reflect on the questions and topics which are so crucial for them.

In 1974, for example, a group of young people from every continent drafted a *First Letter to the People of God*, which called upon Christians to be at one and the same time 'a contemplative people, thirsting for God; a people of justice, living the struggle of the exploited; a people of communion, where the non-believer also finds a creative place.' On the same occasion, Brother Roger wrote the personal letter entitled *A Life We Never Dared Hope For*.

A *Second Letter to the People of God* was written in 1976 by Brother Roger and another inter-continental group of young people at Calcutta, during a stay of several weeks there among the poorest of the poor. As a contribution to a different future for all, says the letter, 'the People of God can build up a parable of sharing in the human family.' The letter goes on to discuss some con-crete ways of sharing, and more concrete sugges-tions were proposed the following year in a *Letter to All Generations*, written on the South China Sea amidst people living on junks in the water.

The *Acts of the Council of Youth 1979* were written in one of the worst slums of Africa, Kenya's Mathare Valley, where Brother Roger wrote the letter, *The Wonder of a Love;* the texts were made public during a 'European meeting' which brought 15,000 people to Paris in December 1978. These *Acts* announce the end of a winter, a springtime of the Church. They make a number of concrete suggestions, urging people among other things to take an active part in the life of local Christian communities, parishes and congregations. The Council of Youth in fact has never wished to be a 'movement' apart, organised around Taizé, but rather a current of communion stimulating everyone to become more committed in their own particular situation.

To sum up four years of searching among the poor and outcast, Brother Roger and a group of young people wrote a *Letter to All Communities*. They prepared it in late 1979 while sharing the life of a poor district of Temuco, in the south of Chile. The letter is addressed both to 'small provisional communities' and to 'parishes and congregations, those large communities at the "base" of the Church'. It calls them to leave behind passivity, discouragement, and rivalries, to enter into a 'common creation' with a 'preferential option for the poor and the young.' And since no one can take part in a creation with others without beginning a personal creation within themselves, the letter includes the *Itinerary for a Pilgrim*, to help everyone to set out and follow Christ. These texts were made public during a European meeting held in Barcelona.

As a concrete means of undertaking this 'common creation', people both young and old have begun small pilgrimages in many different places. They are like rivulets of prayer and communion flowing into a larger river – a larger pilgrimage with stopping-points in different countries. During the year 1980, Brother Roger joined young people for gatherings of prayer in Spain, Belgium, West and East Germany, the United States and Canada. At the end of December, a

European meeting, which included a prayer service with Pope John Paul II, was held in the parishes of Rome.

TO LEARN MORE ABOUT TAIZÉ

TO LEARN MORE ABOUT TAIZÉ

1. THE WRITINGS OF BROTHER ROGER
   Living Today for God
   Dynamic of the Provisional
   Violent for Peace
   Brother Roger's journal:
   1. *Festival* (1969–70)
   2. *Struggle and Contemplation* (1970–72)
   3. *A Life We Never Dared Hope For* (1972–74)
   4. *The Wonder of a Love,* part one (1974–76)

2. PRAYER AT TAIZÉ
   Praise in All Our Days, Common prayer at Taizé
   Praise: Prayers from Taizé
   Canons, litanies and responses of Taizé, four booklets (1. Jubilate Deo; 2. Chanter le Christ; 3. Chanter l'Esprit; 4. Laudate Dominum), music by Jacques Berthier. Notes in English.

3. PERIODICALS
   The *Letter from Taizé,* a monthly newsletter published in eight languages (including) English), gives news of young people and their searching on every continent, publishes prayers and texts for meditation. A yearly subscription to the English edition costs £3 (UK); $5.00 (USA); 25 crowns (Sweden), including airmail postage to all countries. Subscriptions can be obtained by writing to Taizé.

4. RECORDS AND CASSETTES

Louange des jours (Common prayer at Taizé)
(Taizé 3001).

Celebration at Notre-Dame de Paris (Taizé
3003).

Canons and Litanies (Taizé 3004/Unidisc UD 30
1383 and cassette UDK 107).

Cantate! (Taizé 3005/Unidisc UD 30 1437 and
cassette UDK 110).

Distribution: UNIDISC, Paris, or write to Taizé.

Address: 71250 Taizé-Community, France
Telephone: (85) 50.14.14
Telex: COTAIZE 800753-F

NOTES

1. Mark 10.29
2. Philippians 3.13
3. John 12.24
4. John 8.12 and Matthew 5.14
5. John 17.15
6. Luke 24.53
7. Psalm 30. 11–12
8. Luke 18.1
9. Mark 4.27
10. Luke 6.38
11. Acts 2.46
12. Psalm 34.14
13. Lamentations 3.22–23
14. Matthew 18.22
15. Matthew 18.17
16. Psalm 51. 12
17. See 1 Corinthians 7.32
18. John 15.13
19. See Exodus 16
20. Luke 10.1
21. Mark 10.29
22. Mark 10.29–30 and Luke 18.29–30
23. 2 Corinthians 5.7
24. Matthew 16.25
25. Matthew 6.34
26. Matthew 6.33
27. Luke 6.38
28. Mark 4.27
29. Matthew 6.1
30. Matthew 6.16–18
31. Matthew 18.15
32. Hebrews 13.17
33. Philippians 3.13
34. Psalm 119.147

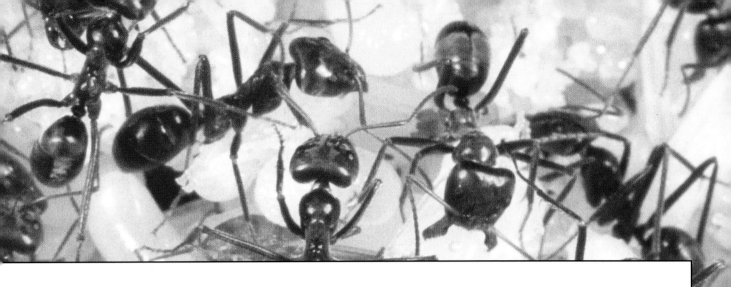

RÈGNE ANIMAL

INSECTES

Par Steve Parker
Conseillère en Matière de Contenu : Debbie Folkerts, Ph. d.,
Professeur Adjointe de Sciences Biologiques,
Auburn University, Alabama

Conseiller Scientifique : Terrence E. Young Jr., M. Éd.,
M.L.S., Jefferson Parish (Louisiana) Public School System

 Broquet

97-B, Montée des Bouleaux
Saint-Constant, Qc, J5A 1A9
Tél. : 450 638-3338 Téléc. : 450 638-4338
Internet : www.broquet.qc.ca / Courriel : info@broquet.qc.ca

Catalogage avant publication de Bibliothèque et Archives Canada

Parker, Steve

Insectes

(Règne animal)
Traduction de : Ant lions, wasps & other insects.
Comprend un index.
Pour les jeunes.

ISBN 978-2-89000-845-8

1. Insectes - Ouvrages pour la jeunesse. 2. Insectes - Ouvrages illustrés - Ouvrages pour la jeunesse. I. Titre. II. Collection : Monde animal (Saint-Constant, Québec).

QL467.2.P3714 2007   j595.7   C2006-942029-7

POUR L'AIDE À LA RÉALISATION DE SON PROGRAMME ÉDITORIAL, L'ÉDITEUR REMERCIE :
Le Gouvernement du Canada par l'entremise du Programme d'Aide au Développement
  de l'Industrie de l'Édition (PADIÉ) ; La Société de Développement des Entreprises
  Culturelles (SODEC) ; L'Association pour l'Exportation du Livre Canadien (AELC).
Le Gouvernement du Québec - Programme de crédit d'impôt pour l'édition de livres
  Gestion SODEC.

Titre original : Animal kingdom classification - INSECTES
Copyright © 2005 par David West Children's Books

Pour le Québec : Tous droits réservés © Broquet Inc., Ottawa 2007
Dépôts légal - Bibliothèque nationale du Québec
1er trimestre 2007

ISBN 978-2-89000-845-8

Traduction   Chantal Boulanger
Révision   Jeanlou Mallette-Carrier
Infographie   Chantal Greer

Provenance des photos :
Abréviations : h = en haut, m = au milieu, b = en bas, d = à droite,
g = à gauche, c = au centre.
Pages 13h John Downer / naturepl.com ; 16d, Dietmar Nill / naturepl.co
17h, Solvin Zankl / naturepl.com ; 17g, Geoff Dore / naturepl.com ; 18d
PREMAPHOTOS / naturepl.com ; 19d, Hans Christoph Kappel /
naturepl.com ; 20d, Ingo Arndt / naturepl.com ; 21cd, Doug Wechsler /
naturepl.com ; 22h, Doug Wechsler / naturepl.com ; 23d PREMAPHOT
naturepl.com ; 25d, PREMAPHOTOS / naturepl.com, 25b, Duncan
McEwan / naturepl.com ; 26h, Martin Dohrn / naturepl.com ; 26g,
PREMAPHOTOS / naturepl.com ; 27d, PREMAPHOTOS / naturepl.com
28d, Chris Packham / naturepl.com ; 29h, Jose B. Ruiz / naturepl.com ; 29
Hans Christoph Kappel / naturepl.com ; 29d, Mike Wilkes / naturepl.com
30c, DUNCAN McEWAN / naturepl.com ; page 31g, Adrian Davies /
naturepl.com ; 32c (principale), Bruce Davidson / naturepl.com ; 33h,
PREMAPHOTOS / naturepl.com ; 34g, David Welling / naturepl.com ;
34d, Jeff Foott / naturepl.com ; 35hd, John Cancalosi / naturepl.com ; 36h
PREMAPHOTOS / naturepl.com ; 38h, Jose B. Ruiz / naturepl.com ; 38g,
Adrian Davies / naturepl.com ; 39h, Dietmar Nill / naturepl.com ; 40h, Jos
Ruiz / naturepl.com ; 42bg, Peter Hansen ; 42bd, Linda Bucklin ; 43g, Nia
Benvie / naturepl.com ; 43d, Oxford Scientific Films ; 45b, Digital Vision.

Couverture : un coléoptère
Page ci-contre : une nymphe de libellule

RÈGNE ANIMAL

INSECTES

Steve Parker

TABLE DES MATIÈRES

INTRODUCTION

Aucun autre type d'animal n'est aussi varié, ou aussi nombreux, ou ne se trouve dans autant d'habitats différents que les insectes. Ils ne sont absents qu'en haute mer. Dans une forêt tropicale, ils représentent plus de la moitié de la masse de toutes les créatures qui y vivent. Un seul essaim de criquets peut être composé de plus d'individus qu'il y a de personnes sur la Terre.

Les insectes constituent le plus important groupe du règne animal. Le nombre d'espèces différentes est beaucoup plus élevé que celui de tous les autres types d'animaux réunis. Jusqu'à ce jour, environ un million d'espèces d'insectes différentes ont été décrites par les scientifiques. Il est presque certain que plusieurs autres millions d'espèces d'insectes attendent d'être découvertes dans des forêts, des cavernes et des vallées lointaines.

LA PUISSANCE DES FOURMIS

L'un des insectes les plus connus est l[a] fourmis. Il en existe plus de 9 000 esp[è]ces. Dans certaines régions, les fourm[is] creusent plus de sol que les vers de terre et mangent plus de nourriture q[ue] tous les autres animaux mis ensemble[.] Une seule fourmilière peut abriter plus d'un million d'individus.

VIVE LES INSECTES !

Les insectes se retrouvent dans tous les habitats terrestres et d'eau douce, des sommets des montagnes en passant par les déserts les plus arides et les rivières aux débits les plus rapides. Certains insectes changent facilement d'habitats. D'autres sont restreints à une seule région et à une seule source alimentaire, par exemple à un seul type d'arbre.

LE SUCCÈS DES INSECTES

Une des raisons qui expliquent le succès des insectes est leur passage par quatre stades de vie différents, connu sous le nom de métamorphose. Presque tous les insectes éclosent d'œufs. Les oothèques peuvent être tellement robustes qu'elles peuvent résister aux conditions les plus rudes, qu'elles soient gelées ou presque bouillies.

Le cycle biologique complet d'un insecte peut être rapide. Dans certains cas, il ne dure que quelques semaines. Les insectes peuvent se reproduire tellement rapidement qu'ils peuvent engendrer un nombre important d'individus en quelques mois. Cela a son importance, car, dans la majorité des habitats, les insectes sont les principales proies pour toutes sortes de créatures plus grandes. Les insectes doivent donc se multiplier rapidement afin de remplacer ceux qui sont mangés et de maintenir leur population.

DANS CHAQUE HABITAT

La rapidité du cycle biologique présente d'autres avantages. Dans certains habitats, les conditions de reproduction ne sont favorables que pendant un court laps de temps, par exemple au cours d'une averse dans un désert. Les insectes à cet endroit se reproduisent rapidement, puis leurs œufs robustes survivent durant les longues périodes de sécheresse.

LES FORÊTS TEMPÉRÉES
Une sauterelle verte

LES MILIEUX HUMIDES
Une demoiselle

LES FORÊTS CLAIRES
Des gendarmes

LES RÉGIONS POLAIRES
Un moustique

LES FORÊTS TROPICALES
Un fulgore porte-lanterne

LES DÉSERTS
Des criquets

**LES PRAIRIES
ET LA BROUSSE**
Un bousier

LES RIVIÈRES ET LES LACS
Un grand léthocère

LES INSECTES À ÉVITER

Il y a dans la plupart des habitats quelques insectes qui représentent un danger pour les êtres humains. Certains ont des morsures ou des piqûres venimeuses, comme c'est le cas chez les fourmis et les guêpes. D'autres sont des parasites hématophages et, à mesure qu'ils boivent leurs repas, ils transmettent de minuscules microbes qui causent une maladie. Ces insectes dangereux ont tendance à vivre dans les régions les plus chaudes de la planète.

Les couleurs vives de la guêpe indiquent la présence d'un danger.

LES CORPS D'INSECTES

Un insecte adulte se reconnaît assez facilement. Il est composé de trois parties principales : la tête, le thorax et l'abdomen. Le thorax est habituellement muni de six pattes et de deux ou quatre ailes. Il existe cependant un nombre infini de variations de ce modèle simple.

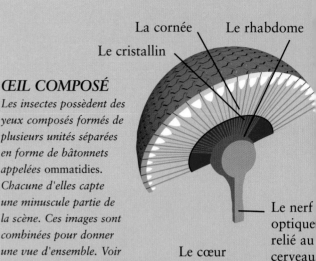

La cornée
Le rhabdome
Le cristallin

ŒIL COMPOSÉ

Les insectes possèdent des yeux composés formés de plusieurs unités séparées en forme de bâtonnets appelées ommatidies. Chacune d'elles capte une minuscule partie de la scène. Ces images sont combinées pour donner une vue d'ensemble. Voir la coupe transversale.

Le nerf optique relié au cerveau

Le cœur

Le cerveau

Le jabot

ENVELOPPE CORPORELLE

La plupart des insectes ont une enveloppe corporelle résistante appelée une cuticule. Cette cuticule protège les parties internes molles comme les intestins, les muscles et les vaisseaux sanguins. Les muscles sont reliés à la face interne de la cuticule et permettent le mouvement des pattes, des ailes, de la bouche ainsi que celui d'autres parties. L'enveloppe corporelle de l'insecte représente donc également son squelette. Étant donné que celui-ci se situe du côté externe, il s'agit d'un exosquelette.

La hanche
Le trochanter

LES PIÈCES BUCCALES

Les pièces buccales des différents insectes sont adaptées à leur nourriture spécifique. Les pièces buccales peuvent ressembler à des éponges, des ventouses, des ciseaux ou des aiguilles creuses. Les pièces buccales d'une abeille comprennent des mâchoires, qui s'ouvrent et se ferment d'un côté vers l'autre, comme des tenailles. Sa longue langue lape le nectar, soit le liquide sucré des fleurs.

LE CERVEAU ET LES NERFS

Le nerf principal relié au cerveau se situe le long de la face inférieure du corps. Il possède des renflements, connus sous le nom de ganglions, lesquels coordonnent différents ensembles de muscles.

Le fémur

Le tibia

Les tarses

LES PATTES

Chaque patte est composée d'une petite hanche et d'un petit trochanter, ainsi que d'un fémur et d'un tibia, et se termine par un pied, ou tarses, doté de griffes.

Une abeille prend le nectar d'une fleur.

LES PARTIES PRINCIPALES

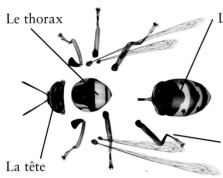

Le thorax

L'abdomen

La tête

Les pattes et les ailes
sont reliées au thorax.

La tête d'un insecte est le centre de ses sens, grâce aux yeux, aux pièces buccales qui lui permettent de goûter, et aux antennes qui détectent les mouvements et les odeurs. Le thorax est muni des pattes et des ailes. L'abdomen, quant à lui, contient principalement les parties pour la digestion, l'évacuation des déchets et la reproduction.

LES AILES

La plupart des insectes adultes possèdent deux paires d'ailes. Les muscles à l'intérieur du thorax tirent sur sa partie supérieure afin de déplacer les ailes vers le haut et vers le bas.

Les muscles verticaux tirent, et la partie supérieure est amenée vers le bas.

Les ailes se déplacent vers le haut.

LE CŒUR ET LE SANG

Le cœur est un tube situé près de la partie antérieure du thorax. Il pompe le sang dans un long vaisseau supérieur et dans des vaisseaux à travers le thorax et l'abdomen.

Un sac aérien

Des stigmates

Une trachée

Les muscles horizontaux se contractent, et la partie supérieure du thorax se soulève.

Les ailes se déplacent vers le bas.

Le nerf principal

LA RESPIRATION

L'air passe par des orifices, appelés stigmates, situés le long des côtés du corps puis par des tubes, ou trachée.

intestin moyen

LA DIGESTION

La nourriture est envoyée dans le jabot, qui ressemble à un sac, pour y être entreposée. Elle est ensuite dirigée vers l'intestin moyen, où elle est digérée et où les nutriments sont répartis dans le corps. Avant d'être évacués, les déchets sont entreposés dans l'intestin postérieur.

DU SANG TOXIQUE

Le sang de certains insectes, comme les coccinelles, est poison ou toxique. Les prédateurs apprennent rapidement à reconnaître les couleurs vives des insectes en guise d'avertissement et ils les évitent.

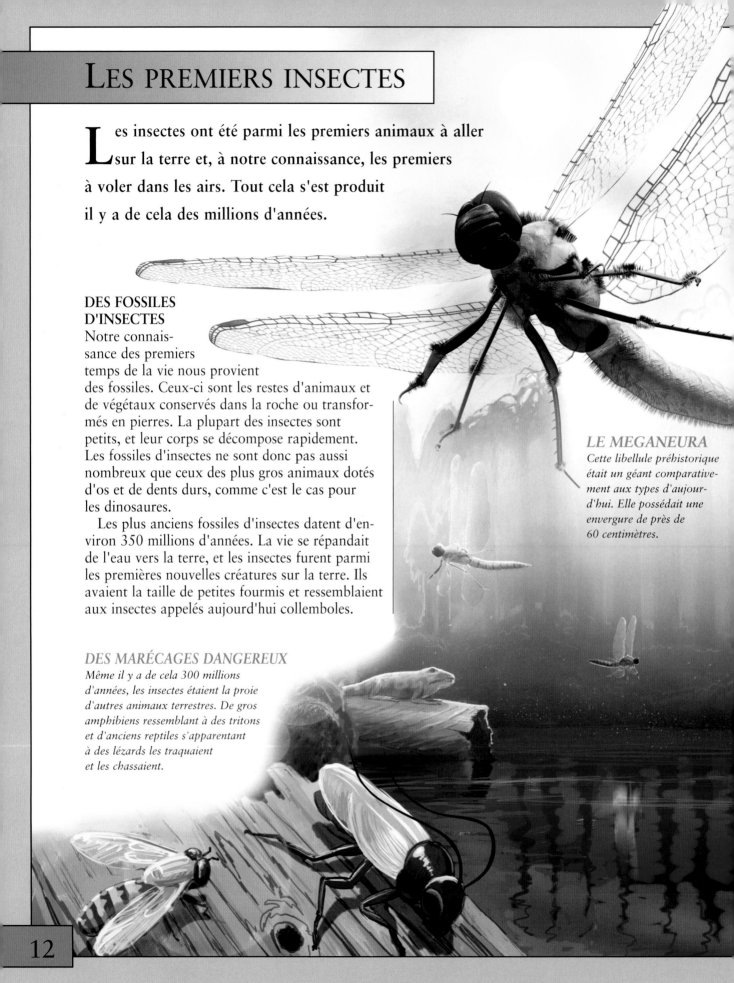

LES PREMIERS INSECTES

Les insectes ont été parmi les premiers animaux à aller sur la terre et, à notre connaissance, les premiers à voler dans les airs. Tout cela s'est produit il y a de cela des millions d'années.

DES FOSSILES D'INSECTES

Notre connaissance des premiers temps de la vie nous provient des fossiles. Ceux-ci sont les restes d'animaux et de végétaux conservés dans la roche ou transformés en pierres. La plupart des insectes sont petits, et leur corps se décompose rapidement. Les fossiles d'insectes ne sont donc pas aussi nombreux que ceux des plus gros animaux dotés d'os et de dents durs, comme c'est le cas pour les dinosaures.

Les plus anciens fossiles d'insectes datent d'environ 350 millions d'années. La vie se répandait de l'eau vers la terre, et les insectes furent parmi les premières nouvelles créatures sur la terre. Ils avaient la taille de petites fourmis et ressemblaient aux insectes appelés aujourd'hui collemboles.

DES MARÉCAGES DANGEREUX

Même il y a de cela 300 millions d'années, les insectes étaient la proie d'autres animaux terrestres. De gros amphibiens ressemblant à des tritons et d'anciens reptiles s'apparentant à des lézards les traquaient et les chassaient.

LE MEGANEURA

Cette libellule préhistorique était un géant comparativement aux types d'aujourd'hui. Elle possédait une envergure de près de 60 centimètres.

DANS LES AIRS

Il y a 300 millions d'années, les insectes se sont mis à voler. Le climat était chaud et humide, et la majorité du sol était marécageuse. Des libellules géantes voletaient entre les immenses fougères, et parmi les tiges couraient d'anciennes blattes. Depuis, plusieurs autres types d'insectes sont apparus et disparus. Il y a environ 100 millions d'années, les papillons, les abeilles et d'autres insectes familiers ont commencé à apparaître en même temps que les fleurs.

ENFERMÉES DANS L'AMBRE

L'ambre est le liquide, ou la résine, séché et durci qui suinte de certains végétaux, surtout des arbres à feuillage persistant. Il arrivait parfois que de petites créatures restaient prises dans la résine. Le liquide continuait de s'écouler, puis les recouvrait avant de durcir. Plusieurs insectes, comme cette chrysope, ont été merveilleusement bien conservés dans les moindres détails à l'intérieur de morceaux d'ambre.

PEU DE CHANGEMENTS

Les blattes (ci-dessus) et les corydales cornues (à droite) d'aujourd'hui ressemblent à leurs cousins préhistoriques. Les premières corydales cornues sont apparues il y a plus de 250 millions d'années, juste avant les dinosaures. Certaines avaient une envergure de 20 cm.

LES LIBELLULES D'AUJOURD'HUI

Comme son ancêtre éloigné, la libellule d'aujour- d'hui ne peut pas replier ses ailes. Elle les main- tient habituellement déployées sur les côtés. Étudier de tels détails chez les insectes vivants permet d'obtenir plusieurs indices sur la façon dont ils ont évolués.

Au repos, les ailes d'une libellule sont étendues.

LE POUVOIR DE VOLER

Il n'y a que trois groupes d'animaux qui règnent en maîtres dans les airs : les chauves-souris, les oiseaux et les insectes. Leurs ailes sont l'une des raisons qui expliquent le succès des insectes. Elles leur permettent d'échapper au danger et de se déplacer sur de grandes distances afin de trouver leur nourriture ou leurs partenaires.

UN VOL RAPI

Les libellules sont p
les insectes les plus rap
Elles peuvent atteindre des vit
de 60 kilomètres-heure pen
un court laps de te
au moment où elles fon
sur de petites p

QUATRE AILES

La plupart des insectes possèdent deux paires d'ailes. Toutefois, chez certains types d'insectes, seule une paire est utilisée pour voler. Il s'agit habituellement de la paire postérieure. Les ailes antérieures sont plus petites et plus dures, et elles protègent la paire d'ailes postérieures, comme c'est le cas chez les sauterelles et les blattes. Chez les coléoptères, les ailes antérieures sont complètement rigides et recouvrent la paire d'ailes postérieures ainsi que la majorité du corps. Ces ailes rigides sont appelées *élytres*.

L'ENVOL DU COLÉOPTÈRE

Lorsqu'un bupreste prend son envol, il soulève ses élytres rigides et colorés, et les tient ouverts pour laisser la voie libre. C'est à ce moment que la paire d'ailes postérieures transparentes peut s'ouvrir complètement pour le vol.

LES VITESSES DES BATTEMENTS D'AILES

Les gros papillons, comme le machaon, battent des ailes aussi peu que quatre fois à la seconde. Certains petits moucherons et cécidomyies peuvent battre des ailes plus de 1 000 fois à la seconde. La vitesse des battements d'ailes d'une abeille est de 180 à 220 battements à la seconde. C'est ce battement d'ailes qui produit le bourdonnement de l'abeille.

DES AILES RELIÉES

Sur chaque côté du corps d'une guêpe, les ailes antérieures et postérieures sont reliées ensemble par une structure en crochet. Cela permet que le battement des ailes s'effectue comme s'il n'y avait qu'une unique aile.

LE POUVOIR DE VOLER

Le battement d'ailes est exécuté par des muscles puissants situés dans le thorax. Les insectes « primitifs », comme les libellules et les blattes, sont dotés d'un système direct où les muscles vont de la paroi du thorax à la base de chaque aile. Les insectes plus « évolués », comme les mouches, les papillons, les coléoptères et les abeilles, sont pourvus d'un système indirect où les muscles tirent sur le thorax lui-même.

Chez la plupart des insectes, l'aile est constituée d'une membrane très mince et transparente solidifiée par un réseau d'embranchements de petits tubes appelés veines. Chaque veine renferme un vaisseau sanguin très mince, un nerf et une trachée (tube d'air).

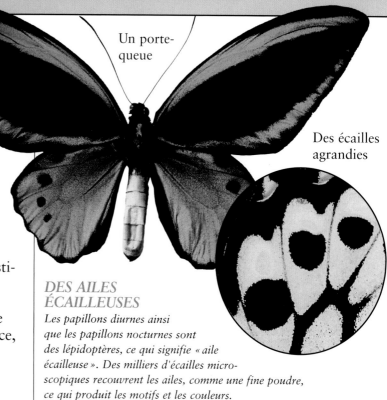

Un porte-queue

Des écailles agrandies

DES AILES ÉCAILLEUSES

Les papillons diurnes ainsi que les papillons nocturnes sont des lépidoptères, ce qui signifie « aile écailleuse ». Des milliers d'écailles microscopiques recouvrent les ailes, comme une fine poudre, ce qui produit les motifs et les couleurs.

LES BALANCIERS

Les diptères ou « vraies mouches » possèdent une paire d'ailes fonctionnelle. La paire d'ailes antérieures, appelées haltères, a la forme de petites baguettes de tambour et elle pivote rapidement pour aider à maintenir l'équilibre. Les vraies mouches comprennent les moucherons, les mouches domestiques et la tipule (ci-dessus).

LES AILES LES PLUS LONGUES

Les insectes qui possèdent les plus grandes envergures sont certains papillons diurnes et papillons nocturnes. Ils comprennent le porte-queue Queen Alexandra de la Papouasie Nouvelle Guinée, le papillon nocturne Hercule d'Australie et de Nouvelle-Guinée ainsi que l'atlas de l'Asie du Sud-Est. Leurs envergures sont d'environ 28 à 30,5 cm. Chez les libellules, c'est la libellule *Megaloprepus* qui possède la plus grande envergure, soit 19 cm.

Plus de 10 types de porte-queue sont parmi les plus grands insectes capables de voler.

DES PATTES ET ENCORE DES PATTES

Les insectes sont munis chacun de six pattes, mais pas toujours durant toute leur vie. Les jeunes mouches et coléoptères sont connus sous forme d'asticots et de larves, et plusieurs d'entre eux ne possèdent pas de pattes du tout.

DES PATTES ARTICULÉES

Les insectes, les araignées ainsi que d'autres animaux semblables sont des arthropodes, ce qui signifie « pattes articulées ». La patte d'un insecte est divisée en six à neuf parties, qui ressemblent à des tubes vides, reliées par des articulations flexibles. Les muscles à l'intérieur des tubes font bouger la patte, et cette patte est reliée au thorax.

BONDIR ET VOLER

Les sauterelles, les grillons et les criquets font des bonds énormes en « dépliant » leurs pattes postérieures. Les pattes se mettent droites dans un mouvement en deux étapes, projetant l'insecte dans l'air.

« PRIER » POUR UNE PROIE

Les mantes religieuses possèdent des pattes antérieures qui se joignent, comme lorsqu'une personne prie. Chaque patte est dotée d'une rangée d'épines et se replie sur elle-même comme un canif afin de retenir une proie, par exemple des mouches.

EN MOUVEMENT

La majorité des insectes utilisent leurs six pattes pour se déplacer. Cependant, ils le font de différentes façons. Chez les blattes, les coléoptères et les fourmis, les six pattes sont environ de la même taille, et ces insectes peuvent marcher et courir. Chez les sauterelles, les grillons et les puces, la troisième paire de pattes, soit la paire de pattes postérieure, est plus grosse et plus puissante que les deux autres paires. Ces insectes se déplacent en exécutant de grands bonds ou sauts. Une puce peut bondir à une hauteur de plus de 100 fois sa taille.

Comme c'est le cas pour la mante, certains insectes utilisent leurs pattes pour attraper leur nourriture. En vol, les pattes d'une libellule pendent sous son corps. Elles forment un « panier » pour capturer de petites proies, comme des moucherons et des cécidomyies, en plein ciel.

DES PATTES QUI CREUSENT

Les pattes antérieures de la courtilière sont larges, comme des pelles. Le mâle creuse un terrier dans lequel il stridule pour attirer une femelle. Puis, la femelle creuse une chambre pour y pondre ses œufs.

DES PATTES SPÉCIALISÉES

Ce ne sont pas tous les insectes qui possèdent des pattes adaptées pour marcher ou pour courir. Le pou, un insecte nuisible hématophage, est muni de pattes en forme de crochets. Ces pattes font piètre figure pour courir, mais sont excellentes pour saisir et pour se cramponner aux cheveux, aux poils ou à la peau d'autres créatures. D'autres insectes possèdent des pattes aux habiletés surprenantes. Les pattes d'une mouche fonctionnent très bien pour marcher, mais également pour goûter. De petits détecteurs de goût sont répartis sur les pieds de la mouche. Lorsqu'une mouche se pose sur une substance, elle sait immédiatement si cette substance est comestible ou pourrait représenter un danger.

DES PATTES POUR NAGER

Chez les insectes habitant au bord de l'eau, tels que les dytiques et les notonectes, les pattes sont larges et munies de franges de poils raides. Les pattes font office de pagaies, ce qui permet à l'insecte de se déplacer rapidement dans l'eau.

Les pattes postérieures du dytique marginé fonctionnent comme des avirons velus.

LE LÉPISME

Ce lépisme est muni de la configuration typique des pattes d'insectes, soit de six membres étroits permettant de marcher et de courir. Les pattes bougent deux paires à la fois afin que le corps demeure bien soutenu.

LES SENS CHEZ LES INSECTES

La vue, l'ouïe, l'odorat, le goût et le toucher. Les insectes possèdent les mêmes principaux sens que nous. Toutefois, certains de leurs organes sensoriels fonctionnent de manière très différente par rapport aux nôtres.

LES YEUX ET LA VUE

La plupart des insectes ont des yeux à la fois simples et composés. Un œil composé est formé de plusieurs sections séparées, les ommatidies, qui travaillent ensemble pour former une vue en morceaux, comme une mosaïque. Cela ne donne pas aux insectes une vision très claire aux insectes de leur environnement, mais cela leur permet de détecter même les très petits mouvements.

LE CÉRAMBYCIDÉ
Les « cornes » du cérambycidé sont des antennes très longues. Ces coléoptères se déplacent souvent la nuit, bougeant leurs antennes et frappant légèrement les objets afin de trouver leur chemin dans le noir.

L'OUÏE

La majorité des insectes peuvent entendre, mais de façon limitée. Leurs « oreilles » sont des morceaux de cuticule minces, flexibles et qui ressemblent à de la peau. Ces oreilles se retrouvent à différents endroits selon les insectes. Par exemple, elles se situent sur les genoux des sauterelles et sur l'abdomen des blattes. Souvent, ces oreilles ne détectent que les cris sexuels des insectes de la même espèce.

DES YEUX DE « BESTIOLE »
Les surfaces des petites unités, ou ommatidies, qui composent l'œil composé d'un insecte ne peuvent être perçues que sous forme de petits points brillants sur les yeux globuleux de cette mouche (à gauche).

DES ANTENNES UTILES

Chez beaucoup d'insectes, les antennes sont porteuses de plusieurs sens. Elles permettent à l'insecte de sentir les objets par toucher direct et de répondre aux moindres mouvements et vibrations. Elles permettent de détecter les déplacements du vent et de l'eau. Les antennes perçoivent également les odeurs qui flottent dans l'air, surtout celles d'une proie, d'ennemis ou de partenaires durant la période de reproduction. Elles permettent aussi à l'insecte de goûter.

Comme chez les autres créatures, les sens des insectes sont adaptés à leur habitat et à leur mode de vie. Les antennes d'un grillon caverni- cole aveugle peuvent faire trois fois sa taille. Elles sont extrêmement sensibles au toucher, aux odeurs, au goût et aux petites vibrations dans l'air causées par les créatures qui se déplacent dans le noir tout près du grillon.

DES ODEURS POUR L'ACCOUPLEMENT

Durant la période de reproduction, certains types d'insectes, habituellement les femelles, relâchent certaines odeurs spéciales appelées phéromones. Celles-ci se propagent dans l'air et sont détectées par les mâles de la même espèce. Pour trouver la femelle, le mâle suit l'odeur. Certains papillons nocturnes mâles peuvent reconnaître une femelle qui se trouve à plus de 3,2 km.

Les antennes d'un papillon nocturne mâle qui permettent de détecter les phéromones.

LA STRIDULATION DE LA SAUTERELLE

La sauterelle ou le grillon mâle stridule pour attirer une femelle pendant la période de reproduction. Les sons sont perçus par des morceaux de cuticule minces qui vibrent et qui sont situés sur l'articulation du genou ou l'abdomen de la femelle. Ces morceaux de cuticule réagissent à très peu d'autres sons.

CAMOUFLAGE — OU NON

Le camouflage est le fait d'être coloré, de porter des motifs et d'avoir une forme précise dans le but de se fondre dans l'environnement. Plusieurs insectes se camouflent, alors que d'autres désirent attirer l'attention.

DES IMITATEURS DE PLANTES
Les insectes de feuillage ainsi que les phasmes (photo insérée en cartouche) appartiennent à l'ordre d'insectes connu sous le nom de Phasmatodea. Même leurs œufs ont une forme et une couleur leur permettant de ressembler à des graines de plantes.

LES CARACTÉRISTIQUES DU CAMOUFLAGE
Les deux caractéristiques principales du camouflage sont la couleur et le motif. Les insectes d'un vert vif ont tendance à vivre parmi les jeunes feuilles fraîches. Les insectes bruns demeurent habituellement au sein de vieilles feuilles mortes et au sol. La forme est également importante dans le camouflage. Les parties du corps des insectes de feuillage sont larges, vertes et en forme de feuille, tandis que leurs proches cousins, les phasmes, ou « bâtons qui marchent », possèdent des corps et des pattes minces, bruns et en forme de brindille.

LE COMPORTEMENT
Une autre caractéristique du camouflage est le comportement. Lorsque le vent souffle, les insectes défoliateurs et les phasmes s'inclinent et se balancent avec les brindilles et les feuilles qui les entourent. Les insectes qui ressemblent à des fleurs, à des épines ou à des bourgeons demeurent immobiles lorsque d'autres animaux sont à proximité.

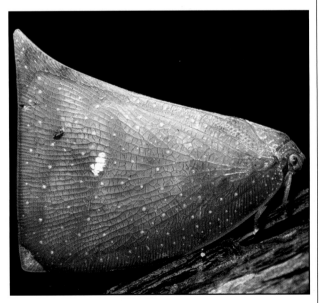

UNE ÉPINE VIVANTE
Les membracides se tapissent sur des brindilles ou des branches de façon à passer pour des épines. La majorité d'entre eux se nourrissent en aspirant le suc de la plante.

PAS TRÈS APPÉTISSANT
La plupart des animaux évitent les déjections d'animaux, ce qui fait que la chenille qui ressemble à une fiente n'est habituellement pas dérangée.

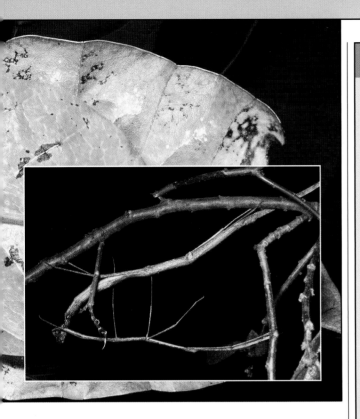

LES IMITATEURS

Certains insectes possèdent des couleurs vives même s'ils ne sont pas dangereux ou n'ont pas mauvais goût. Ils sont qualifiés d'imitateurs, car ils imitent ou copient les véritables couleurs d'avertissement des insectes semblables.
Le vice-roi est une imitation du monarque dont la chair possède vraiment un goût amer. Ce mimétisme protège donc le vice-roi.

Les oiseaux, et autres prédateurs semblables, évitent le monarque à cause de son mauvais goût.

Le vice-roi ressemble beaucoup au monarque.

S COULEURS VOYANTES

n d'éviter les prédateurs, certains insectes utilisent
tratégie opposée. Leurs couleurs vives et leurs mo-
ressortent. Habituellement, ces insectes possèdent
 chair au goût horrible, dégagent des liquides
 goût infect ou sont recouverts de poils piquants.
rès qu'un prédateur se fut frotté à l'un de ces types
 proie, le prédateur apprend à reconnaître la colo-
on et il laisse les créatures voyantes tranquilles.

ATTENTION – J'AI UN GOÛT HORRIBLE !

Le rouge, l'orange et le jaune sont des couleurs utilisées fréquemment comme avertissement, souvent en combinaison avec du noir ou du blanc. Certaines chenilles amplifient l'effet en se dressant pour se défendre.

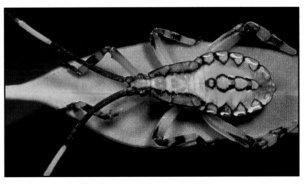

QUELLE PUANTEUR !

Certains types de pentatomes suintent un liquide puant au goût amer lorsqu'ils sont menacés. Leurs couleurs vives annoncent cette capacité.

21

DES CHASSEURS

Certains types d'insectes sont des insectivores. Cela signifie qu'ils chassent, tuent et se nourrissent d'autres insectes. Que ce soit simplement par la force ou à la dérobée, ces prédateurs utilisent toutes sortes de tactiques pour capturer leurs proies.

RAPIDES ET MORTELS

Les principaux groupes d'insectes chasseurs sont les libellules et les demoiselles, les mantes, les chrysopes, les sialis et les corydales cornues ainsi que certains types de punaises, de coléoptères, de mouches, de guêpes et de fourmis. En vol, les chasseurs les plus doués sont les libellules. Elles attrapent des cécidomyies, des moucherons et d'autres petits insectes volants.

Certaines libellules pourchassent leurs proies. Installées sur un perchoir, elles s'élancent pour attraper les proies qui passent. D'autres se promènent, elles sillonnent régulièrement leur territoire, tel que les rives, à la recherche de nourriture. Les jeunes libellules, ou nymphes, vivent dans les étangs et dans les cours d'eau. Elles sont également féroces et mortelles, chassant les vers, les têtards et les jeunes poissons.

ASPIRÉ À MORT

Les insectes appelés hémiptères, ou « vraies punaises » comprennent plusieurs types d'insectes chasseurs. Les réduves maintiennent leurs proies couchées à l'aide de leurs puissantes pattes antérieures, et ils aspirent le sang et les liquides par leur pièce buccale en forme de bec

UN PRÉDATEUR CHASSEUR

Les libellules qui se jettent sur leurs proies, comme cette Libellula brune, se cramponnent à un rose une brindille ou tout autre perchoir utile (comme cette corde) et surveillent les alentours à la recher de proies.

FLEUR FATALE

Une mante-fleur se tapit parmi les pétales en attente de petites créatures. Puis, elle les attrape avec ses pattes antérieures épineuses.

UNE ARAIGNÉE POUR DÎNER

La plupart des jeunes guêpes, ou larves, se nourrissent du corps d'autres animaux. La guêpe adulte chasseuse d'araignées pique et paralyse sa victime. Elle place ensuite l'araignée dans un nid ou une cellule où sa progéniture éclora et mangera la victime vivante.

PHYSIQUE ET CHIMIQUE

Tous les insectes chasseurs n'ont pas besoin d'être gros. Certaines de leurs proies, telles que les minuscules insectes et créatures du sol, comme les nématodes, sont aussi petites que le point à la fin de cette phrase. Les insectes prédateurs qui les chassent, comme certains types de guêpes et de coléoptères, pourraient entrer dans ce « o ».

Plutôt que des armes physiques, comme de grosses mâchoires, certains insectes chasseurs possèdent des armes chimiques. Les guêpes chasseuses sont munies d'aiguillons dotés de substances chimiques puissantes qui tuent ou paralysent leur victime. Certaines de ces guêpes peuvent attaquer d'autres chasseurs féroces, qui font 10 fois leur taille, comme les milles-pattes, les scorpions ou les araignées.

LE ROI DE L'ÉTANG

Dans plusieurs étangs, le dytique marginé est le plus gros insecte chasseur. Ses pattes postérieures, qui ressemblent à des avirons, lui permettent de nager rapidement lorsqu'il poursuit de petits poissons, des têtards et la progéniture (ou larves) d'autres insectes, comme les mouches. Il attrape et déchire ses proies à l'aide de ses grosses mandibules qui ressemblent à des mâchoires. Ces coléoptères volent bien et se promènent d'étang en étang, surtout la nuit.

Le dytique marginé femelle possède des rainures sur son dos.

LES PHYTOPHAGES

Presque toutes les parties de tous les végétaux représentent une source de nourriture pour des insectes quelque part dans le monde. Non seulement les feuilles, les fleurs, les fruits et les graines, mais également les racines, les tiges, les bulbes, les bourgeons, l'écorce, les épines, la sève et même le bois massif.

ATTIRÉ PAR LE NECTAR
Ce machaon, ou papilionidé, a déroulé sa longue trompe, qu'il utilise comme une paille pour aspirer le nectar d'une fleur de trèfle.

DES REPAS DE FEUILLES

Les feuilles sont très nutritives, surtout lorsqu'elles sont nouvelles, tendres et juteuses. Les chenilles de papillons diurnes et de papillons nocturnes, les larves de coléoptères et les larves de tenthrèdes (mouches à scie) qui ont l'aspect d'une chenille, peuvent dévaster des forêts entières en quelques jours.

UNE DIÈTE LIQUIDE

Plusieurs insectes phytophages consomment de la nourriture liquide telle que la sève. Certaines fleurs produisent un liquide sucré qui ressemble à du sirop. Ce liquide est appelé *nectar*. Il attire des insectes comme les papillons diurnes, les papillons nocturnes, les coléoptères, les mouches et les abeilles. Un papillon diurne ou un papillon nocturne aspire le nectar par sa longue pièce buccale en forme de tube, la trompe. Lorsqu'elle n'est pas utilisée, elle se trouve enroulée sous la tête. Pendant que les insectes se nourrissent, leur corps devient recouvert des grains de pollen de la fleur. Les insectes transportent ensuite ce pollen à d'autres fleurs de la même espèce. La fleur peut alors produire des graines.

DÉVORER, DÉVORER
Les sauterelles, les criquets et les grillons, comme cette sauterelle verte épineuse (grillon des broussailles), sont dotés de mandibules qui ressemblent à des dents et qui se déplacent d'un côté à l'autre pour couper des morceaux de feuilles.

UN MENU VARIÉ

La plupart des types de forficules (ci-dessus) et des blattes (ci-dessous) sont omnivores, c'est-à-dire qu'ils se nourrissent d'animaux et de végétaux. Ils mangent presque tous les types de matières végétales, des tendres pétales à l'écorce dure. Ils tuent également des créatures minuscules ou se nourrissent des corps d'animaux morts.

MANGER SOUS LA TERRE

Les larves de plusieurs coléoptères et mouches vivent dans le sol pendant un an ou deux. Elles dévorent les racines des végétaux jusqu'à ce qu'elles se transforment en adultes. Certains types de jeunes cigales, ou nymphes, aspirent le suc des racines en les perçant à l'aide de leurs pièces buccales. Elles demeurent dans le sol pendant 17 ans avant d'en sortir sous forme adulte.

LES « VESTES DE CUIR »

Les « vestes de cuir », qui possèdent une enveloppe dure, sont les larves de la tipule. Elles mangent les racines des cultures et peuvent être nuisibles dans les terres agricoles.

LES CYNIPS

Certains type de larves de guêpe vivent dans les végétaux et s'en nourrissent. Ils aspirent les sucs ou font des tunnels en mangeant la plante dans les tiges de bourgeons, de feuilles ou de fruits. La plante répond en formant une protubérance ou un renflement dur, appelé une galle, autour de chaque larve. Différents types de guêpes entraînent différentes sortes de galles, par exemple la galle du chêne, la galle pailletée ou la galle marbrée. Lorsque la larve devient adulte, elle creuse son chemin vers l'extérieur en le mangeant, ne laissant qu'un minuscule trou.

La majorité des cynips sont très petits et ne pondent leurs œufs que sur un seul type de plante.

DES PARASITES ET DES INSECTES NUISIBLES

Les animaux qui causent le plus de souffrance et de décès dans le monde ne sont pas de gros prédateurs comme les tigres et les requins. Ce sont les insectes qui propagent de graves maladies telles que le paludisme et la maladie du sommeil.

LES HÉMATOPHAGES

Un parasite est un être vivant qui obtient un abri et de la nourriture à partir d'un autre être vivant, soit l'hôte. Ce faisant, le parasite nuit habituellement à l'hôte. Certains types d'insectes sont des parasites des êtres humains et des animaux, surtout les hématophages comme les moustiques, les puces, les poux et les punaises des lits.

GONFLÉE DE SANG

La femelle du moustique possède des pièces buccales en forme d'aiguille creuse qu'elle enfonce dans la peau des personnes et des animaux afin d'aspirer du sang. Elle utilise ce sang, qui fait gonfler son abdomen comme un ballon rouge, pour produire ses œufs.

DES AGENTS DE PROPAGATION DE MALADIES

Le paludisme est transmis par des anophèles. Pendant que la femelle aspire du sang d'une personne atteinte de paludisme, elle prend également quelques organismes minuscules, les plasmodiums, qui causent la maladie. Lorsqu'elle pique quelqu'un d'autre, la maladie est transmise à cette personne. Les mouches *tsé-tsé* propagent la maladie du sommeil d'une manière semblable.

UNE GUÊPE PARASITE D'UNE AUTRE GUÊPE

Cet ichneumon enfonce son tube de ponte pointu, ou ovipositeur, dans le nid de boue d'un autre type de guêpe. Ses larves vont se nourrir des larves de la guêpe hôte.

LES DOMMAGES CAUSÉS AUX CULTURES

Les champs des cultures agricoles représentent des festins pour certains insectes phytophages tels que les criquets. Certains papillons nocturnes, les jeunes, ainsi que ceux des mouches, des punaises (hémiptères), des coléoptères et des charançons, sont également nuisibles. Lorsqu'il y a beaucoup de nourriture et que le beau temps est au rendez-vous, ils se reproduisent rapidement et peuvent dévorer un champ complet en quelques jours. De tels insectes nuisibles peuvent causer des dommages à toutes sortes de cultures, de celles de carottes et de choux à celles de riz, d'orge et de pommes. Chaque année, cela entraîne une pénurie de nourriture pour des millions de personnes, surtout dans les régions tropicales du monde.

DES ESSAIMS D'INSECTES
À quelques années d'intervalle, les criquets se reproduisent et se rassemblent par millions. En quelques jours, ils peuvent engloutir une quantité de nourriture qui approvisionnerait une ville entière pendant un an.

DES TRANSPORTEURS DE MICROBES
Certains insectes propagent des microbes d'une façon plus générale. Les mouches et les blattes marchent sur la terre, sur des animaux et des végétaux en décomposition et sur des déjections d'animaux. Elles errent ensuite sur nos planchers, nos ustensiles, nos plans de travail et même sur nos aliments. Elles propagent des maladies comme la typhoïde et divers types d'intoxications alimentaires.

LA SALE BLATTE
Certaines blattes sont connues pour infester les cuisines, surtout dans les climats chauds. Elles se nourrissent principalement la nuit. Lorsque la lumière est allumée, elles courent se cacher dans des coins ou des fissures.

« LES ABEILLES TUEUSES »

Les abeilles domestiques sont des insectes utiles et, au cours de plusieurs siècles, elles ont été sélectionnées pour piquer moins souvent. En 1957, en Amérique du Sud, certaines abeilles africaines féroces et plus agressives ont été croisées avec des abeilles locales pour tenter d'augmenter leur production de miel. Les « abeilles tueuses » qui en ont résulté se sont propagées à travers les Amériques.

Les « abeilles tueuses » défendent leur nid en piquant beaucoup plus que les abeilles domestiques ordinaires.

TROUVER UN PARTENAIRE

Les insectes se reproduisent de manières semblables à celles des autres créatures. Une femelle et un mâle se rencontrent et s'accouplent, puis la femelle pond des œufs. Les façons dont les insectes trouvent et choisissent leurs partenaires sont variées et fascinantes.

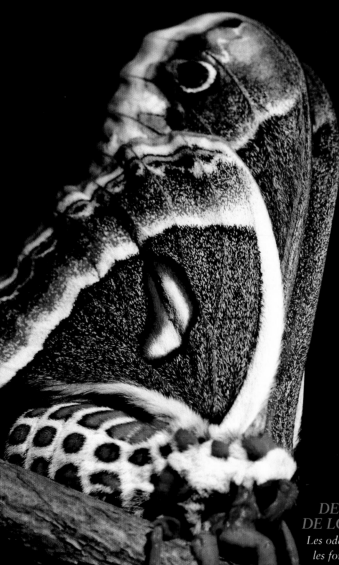

UNE LUEUR VERTE
Ceux qui sont connus sous le nom de vers luisants sont en réalité des coléoptères. La femelle aptère émet des impulsions de lumière dans le bas de son abdomen afin d'attirer les mâles ailés, qui volent ensuite vers elle.

ATTIRER UN PARTENAIRE

La majorité des insectes ne vivent pas avec beaucoup de leurs congénères. Alors, lorsque la saison de reproduction débute, il arrive souvent que les insectes doivent attirer un partenaire éloigné. Les papillons possèdent des couleurs vives et des motifs afin de capter l'attention des partenaires. Les sauterelles, les grillons et les cigales mâles stridulent ou émettent des bourdonnements forts pour attirer les femelles. Plusieurs types d'insectes, habituellement les femelles, dégagent des odeurs spéciales, appelées phéromones, pour attirer un partenaire. Les mâles détectent ces odeurs grâce à leurs antennes.

DES ODEURS QUI PARCOURENT DE LONGUES DISTANCES
Les odeurs voyagent beaucoup. Cela est particulièrement important dans les forêts où la vue et l'ouïe fonctionnent sur des distances limitées. Les insectes mâles, comme cette saturnie cecropia, possèdent des antennes duveteuses leur permettant de détecter les phéromones dégagées par les femelles qui se trouvent souvent à des centaines de mètres plus loin.

DANGER !

Chez la plupart des types de mantes, la femelle est beaucoup plus grosse que le mâle. Celui-ci doit s'approcher avec précautions ou la femelle pourrait le manger. Le mâle offre souvent une proie fraîchement tuée à la femelle en guise de « cadeau » afin d'attirer son attention ailleurs pendant qu'il procède à l'accouplement.

FAIRE LA COUR

Lorsqu'un insecte femelle et un insectes mâle se rencontrent, ils se font souvent la cour. Cela consiste habituellement en une série d'actions pour vérifier que l'autre insecte est de la bonne espèce, qu'il représente un partenaire compatible et sain et qu'il est du sexe opposé. Se faire la cour peut impliquer un étalement des couleurs, des battements d'ailes, des frottements d'antennes, des frappements de pattes ou un dégagement d'odeurs.

UNE REPRODUCTION SANS L'AIDE DU MÂLE

Certains types d'insectes femelles, comme certains aphidiens, phasmes, éphémères et guêpes, peuvent se reproduire sans la contribution d'un partenaire. Les jeunes sont des clones de leurs mères. Cela signifie que leurs gènes sont identiques. C'est ce que nous appelons la parthénogénèse. Cela se produit habituellement lorsque les conditions sont très favorables à une reproduction extrêmement rapide et en grandes quantités.

IL Y A COMPÉTITION POUR LA FEMELLE

Parfois, deux membres du même sexe ou plus, habituellement les mâles, se battent pour une partenaire. Des scarabées cerfs-volants mâles « luttent » avec leurs mandibules, ou mâchoires, énormes. Les muscles qui activent les mandibules sont si faibles, qu'il est rare qu'il y ait des blessés.

Durant la parthénogenèse, un puceron femelle ne pond pas d'œufs, mais donne naissance à de minuscules petits.

LA CROISSANCE

Les différents types d'insectes grandis-sent de façons très différentes. Certains éclosent de leur œuf en version miniature de leurs parents et grossissent graduelle-ment. D'autres éclosent avec une apparence complètement différente et doivent passer par différents stades de développement.

DES « ŒUFS » DE FOURMIS

Dans un nid de fourmis, les ouvrières nettoient et tournent régulièrement les œufs. Des larves ressemblant à des asticots éclosent des œufs et sont nourries par les ouvrières. Les larves deviennent ensuite des pupes avec une enveloppe rigide, souvent vendues comme des « œufs » de fourmis en guise de nourriture pour les poissons d'aquarium.

UN LÉGER CHANGE-MENT D'APPARENCE

Le premier type d'évolu-tion, où l'insecte grandit en changeant peu la forme de son corps, est connu sous le nom de *métamorphose incom-plète*. Cela se produit chez les éphémères com-muns et les libellules, chez les sauterelles et les grillons ainsi que chez les punaises, les cigales et les aphidiens. Les jeunes sont appelés *nymphes*. Les insectes passent d'un stade de développement à un autre en muant ou en se défaisant de leur enveloppe externe résistante. La nouvelle enveloppe externe demeure molle pendant un certain temps ; l'insecte doit donc grandir rapidement avant que son enveloppe devienne rigide.

LES NYMPHES

Les nymphes, comme ces jeunes pentatomes (ci-dessus, à gauche), possèdent la même forme générale que les adultes (ci-dessus, à droite). Elles sont cepen-dant plus petites et peuvent être de couleurs différentes. Les ailes des jeunes pentatomes sont petites et inutiles au début, mais leur taille augmente graduellement (à gauche).

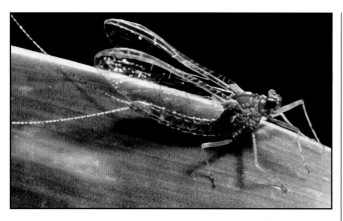

UN STADE DE PLUS

Les éphémères communs subissent un stade de développement inhabituel de plus au cours de leur vie : elles passent par le stade de jeune adulte ou de préreproducteur. Ils émergent de leur stade de nymphe aquatique avec des ailes, mais Ils ne peuvent pas se reproduire. Ce n'est qu'après une mue finale qu'Ils deviennent adultes.

UN CHANGEMENT COMPLET DE FORME

Le second type d'évolution, où le corps de l'insecte se transforme beaucoup durant son développement, est appelé *métamorphose complète*. Il se produit chez les papillons diurnes et les papillons de nuit, chez les coléoptères, chez les vraies mouches (à deux ailes), comme les mouches domestiques, et chez les abeilles, les guêpes et les fourmis. Les larves éclosent des œufs, ce qui est le principal stade de nourrissage. Ces larves portent différents noms usuels. Les larves de papillons diurnes et de papillons nocturnes sont appelées chenilles, celles des mouches sont connues sous le nom d'asticots, et les larves de coléoptères portent le nom de vers.

UNE PRODUCTION DE MASSE

Dans une ruche, les larves vivent dans des « boîtes » à six côtés appelées alvéoles. Elles sont nourries d'un mélange de nectar et de pollen semi-digéré que chaque ouvrière fait monter de son estomac.

LES STADES D'ÉVOLUTION D'UN PAPILLON

Il y a quatre principaux stades dans une métamorphose complète. Premièrement, il y a l'œuf, pondu habituellement près d'une source de nourriture. Une larve éclot de cet œuf. Elle est active, vorace et mue plusieurs fois. Puis, elle se forme une enveloppe rigide comme une coquille et devient une pupe inactive. Mais, à l'intérieur de cette enveloppe, les parties corporelles changent beaucoup. Finalement, l'enveloppe de la pupe s'ouvre, et l'insecte adulte en émerge.

Des larves de papillons éclosent des œufs. Ces larves sont des chenilles ① . Celles ci sont de véritables « machines à dévorer » et se développent rapidement à mesure qu'elles engloutissent des végétaux ② . Après avoir mué cinq fois sur une période de dix à quatorze jours, la chenille devient une pupe recouverte d'une enveloppe rigide appelée chrysalide ③ . Deux semaines plus tard, l'adulte ou l'imago, comme le monarque ci-dessous, en sort ④ .

VIVRE ENSEMBLE

Il arrive parfois que plusieurs insectes se rassemblent, comme des mouches sur un animal mort. Toutefois, elles ne vivent pas vraiment ensemble, elles ne font que partager de la nourriture. Les principaux insectes qui cohabitent avec d'autres de la même espèce sont les termites et les hyménoptères, soit les abeilles, les guêpes et les fourmis.

LES FRELONS

Les frelons construisent un nid rond, parfois aussi gros qu'un ballon de basket, où vivent 2 000 membres ou plus. Les frelons utilisent leurs puissantes mâchoires pour mâcher le bois jusqu'à l'obtention d'une matière qui ressemble à du papier. C'est avec cette matière qu'ils forment le nid.

DES INSECTES SOCIAUX

Ces insectes « sociaux » cohabitent habituellement dans un nid et travaillent également les uns pour les autres. Chaque membre du groupe, ou de la colonie, a ses propres tâches qu'il accomplit pour le bien de toute la colonie. La reine est habituellement le membre le plus imposant. Sa tâche est de pondre des centaines ou des milliers d'œufs chaque jour.

Les ouvrières prennent soin de la reine. Ces ouvrières sont de petites femelles qui ne peuvent pas se reproduire. Dans certaines colonies, différentes ouvrières ont différentes tâches, comme nettoyer le nid, prendre soin des jeunes ou ramasser de la nourriture. Au sein d'autres groupes, comme les colonies d'abeilles domestiques, chaque ouvrière exécute chaque tâche à tour de rôle.

UNE BUTTE DE TERMITES

Un nid de termite est souterrain. Les minuscules ouvrières construisent une imposante butte à la surface du sol à partir de boue molle qui durcit au soleil. Cette butte aide à protéger le nid et à le garder au frais.

DES ARMÉES EN MARCHE

La plupart des insectes sociaux vivent dans des nids qui demeurent longtemps en place. Ils peuvent durer plus de 100 ans. Toutefois, les fourmis légionnaires et les fourmis processionnaires des tropiques se déplacent régulièrement. Elles s'arrêtent pendant quelques jours à un endroit et attrapent toutes les proies qu'elles peuvent. Puis, elles se « mettent en marche » encore une fois, détruisant toute créature qui se trouve sur leur passage.

Une grosse colonie de fourmis légionnaires peut compter plus d'un million d'individus. Toutefois, certains nids de termites peuvent abriter jusqu'à 10 fois plus de congénères.

LES MOYENS DE DÉFENSE ET LA REPRODUCTION

Si le nid est attaqué, les ouvrières se précipitent à sa défense. Plusieurs d'entre elles sont condamnées à une mort certaine en protégeant les autres ouvrières, qui sont toutes leurs sœurs. Certaines colonies de termites et de fourmis possèdent des soldats dont la tâche consiste à garder le nid. Ces soldats sont de grosses ouvrières dotées de plus grosses mâchoires. Dans la plupart des colonies, seulement quelques membres sont des mâles. Ces rois, ou mâles, font peu de choses autres que de s'accoupler avec la reine. Les nids construits par les insectes sociaux sont parmi les structures les plus complexes fabriquées par un animal, avec des zones différentes pour la reine, pour élever les jeunes et pour entreposer la nourriture.

DES FAÇONS DE COMMUNIQUER

Les insectes sociaux communiquent en se touchant les antennes et en passant des messages chimiques, appelés phéromones, dans le nid ou dans la ruche.

UNE PISTE INVISIBLE

Les fourmis fouilleuses laissent une piste de substances chimiques invisibles, ou phéromones, que les ouvrières suivent pour trouver de la nourriture. Les fourmis coupeuses de feuilles ramènent des morceaux de feuilles au nid et laissent pousser des champignons, dont elles se nourriront, sur les feuilles.

DES VOYAGEURS QUI PARCOURENT DE LONGUES DISTANCES

Pourquoi certains insectes sont-ils semblables à certaines baleines, à certains oiseaux ou à certains poissons ? Parce qu'ils migrent ou effectuent de longs voyages régulièrement, habituellement vers des endroits desquels ils reviennent chaque année.

POURQUOI VOYAGER ?

Les conditions autour du monde varient avec les saisons. Dans les régions plus au nord, il y a durant l'été plus de lumière du soleil et de croissance végétale, tandis que l'hiver est sombre et cruellement froid. Une stratégie de survie consiste à voyager vers le nord, où il y a moins de compétiteurs pour la nourriture, pour y passer l'été, et, pour l'hiver, de retourner vers le sud pour les conditions plus douces et plus faciles. L'insecte migrateur le plus connu qui fait cela est le monarque d'Amérique du Nord. Pendant que ces papillons volent vers le nord, ils se reproduisent, passant jusqu'à cinq cycles de vie ou de générations. Le chemin du retour est effectué par une seule génération d'adultes.

VOYAGER VERS LE NORD
Chaque génération de monarques vole sur des centaines de kilomètres vers le nord, puis se reproduit (voir à droite). Cette progéniture se développe et continue le voyage.

VOYAGER VERS LE SUD
Durant la migration vers le sud, une seule génération de monarques parcourt plus de 4 400 km. Il se peut que ces monarques trouvent leur chemin en sentant la direction du soleil et le champ magnétique de la Terre.

AU REPOS DURANT L'HIVER
Environ 5 millions de monarques se rassemblent sur 45 perchoirs hivernaux, ou aires de repos, dans les arbres de la côte californienne. Dans les hautes terres du Mexique central, 100 millions ou plus se perchent dans environ 11 sites.

L'HIVER DANS LES MONTAGNES

Les coccinelles de la Californie se rendent dans les forêts de la Sierra Nevada en partie en volant et en partie en étant transportées par le vent.

DES VOYAGES OCCASIONNELS

Tout comme les monarques, mais sur des distances plus courtes, plusieurs types de papillons diurnes et de papillons nocturnes ainsi que certains autres insectes, comme les coccinelles, migrent chaque année en suivant le même trajet chaque fois. Une autre sorte de mouvement de masse est entraînée lorsque le nombre d'individus dans une espèce augmente beaucoup, comme chez les criquets. Cela est attribuable habituellement à des conditions favorables. Cependant, si le nombre d'individus devient trop élevé, les insectes viendront rapidement à manquer de nourriture. Ils doivent donc se mettre en route à la recherche d'un autre endroit où la nourriture sera abondante.

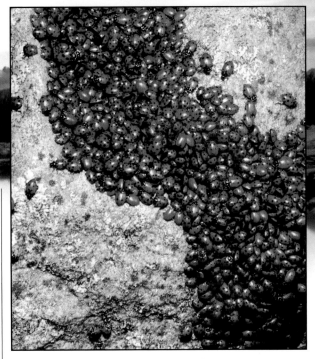

LE PRINTEMPS DANS LES VALLÉES

Au début du printemps, les vents changent et ramènent des millions de coccinelles, qui se sont reposées durant l'hiver, vers les plaines chaudes de la Californie pour la période de reproduction.

DES FLÉAUX DE CRIQUETS

Les criquets d'Afrique vivent habituellement seuls dans les régions nordiques arides. Toutefois, s'il y a beaucoup de pluies, ce qui stimule la croissance de végétaux, les criquets se reproduisent rapidement, et leur progéniture se rassemble en essaims. S'il y a à nouveau des pluies assez rapprochées, le nombre d'individus pourrait croître encore plus. Des essaims géants de 50 milliards de criquets s'envolent à la recherche de nourriture fraîche. Ils envahissent de nouvelles régions et détruisent des cultures agricoles, et ce, sur de vastes étendues.

Les régions habituelles

Les régions envahies

Les régions où se retrouvent des criquets d'Afrique.

Lorsque les conditions sont défavorables, les criquets se nourrissent seuls et ne se rencontrent que pour s'accoupler (voir ci-dessus). Cependant, après une bonne saison, leurs couleurs et leurs comportements changent. Leur progéniture est jaune clair, orange et noir (voir à gauche) et elle se rassemble en essaims pour se nourrir.

LES INSECTES DES FORÊTS

Les arbres représentent de véritables festins géants pour toutes sortes d'insectes qui se nourrissent de végétaux, c'est-à-dire les herbivores. Ces herbivores deviennent, à leur tour, une source de nourriture pour leurs cousins prédateurs. Un réseau alimentaire complet, basé sur les insectes, peut se construire autour d'un seul arbre.

DANS LA FORÊT TROPICALE HUMIDE

Les forêts tropicales humides renferment plus d'espèces de végétaux et de créatures qu'à tout autre endroit sur Terre. De plus, dans ces forêts, plus de 95 % des espèces animales sont des insectes. Les coléoptères, les punaises, les phasmes, les insectes de feuillage, les termites et plusieurs autres mangent presque chaque partie de chaque arbre. Les insectes, à leur tour, sont mangés par des grenouilles, des lézards, des oiseaux, et des mammifères comme les musaraignes. Ainsi, les insectes sont un élément central du réseau de la vie dans la forêt.

UN DES SONS LES PLUS FORTS

Ce sont les cigales arboricoles qui produisent les sons les plus forts parmi les insectes. Un seul groupe peut être plus bruyant qu'un marteau-piqueur qui perce une route.

Les cigales mâles bourdonnent pour attirer les femelles.

IL Y EN A ASSEZ POUR TOUT LE MONDE

Les feuilles d'une espèce d'arbre peuvent être mangées par plus de 1 000 types d'insectes différents. L'un des types qui causent le plus de dommages est la larve des tenthrèdes (ci-dessus) qui ressemble à une chenille. Il peut y avoir jusqu'à un million de ces larves sur un arbre énorme. Elles dévorent les feuilles à l'aide de leurs puissantes pièces buccales, qui leur permettent de mâcher les feuilles, et leurs déjections tombent sur le sol comme une pluie.

LES CHARANÇONS

Les charançons sont un sous-groupe de coléoptères regroupant plus de 50 000 espèces à travers le monde. La plupart sont dotés d'un long « museau » ou rostre. Différentes espèces se nourrissent de différentes parties des arbres, allant de la sève au bois massif.

LES MOYENS DE DÉFENSE DES ARBRES

Il y a une « lutte » sans fin entre les arbres et les insectes qui s'en nourrissent. Chaque année, les jeunes bourgeons et les feuilles tendres sortent environ à la même période. Les insectes de feuillage éclosent également environ à cette période afin de consommer les nouvelles parties des arbres. Plus tard, les feuilles fabriqueront des substances toxiques, comme les tanins, dans le but de protéger l'arbre des insectes.

UN SCARABÉE VERT

La majorité des insectes qui vivent dans les forêts sont verts (ci-dessus), afin de se fondre dans les feuilles, ou bruns (ci-dessous) afin de se mêler à l'écorce.

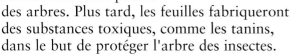

LES GÉANTS DE LA FORÊT

C'est dans les forêts tropicales que se retrouvent les plus gros insectes. L'atlas possède une envergure de 30 cm. Les corps des phasmes géants mesurent plus de 30 cm de long, et, lorsque les pattes sont maintenues droites, leur taille totale dépasse les 51 cm.

L'atlas de l'Asie du Sud-Est

LES « AFFRONTEMENTS » CONTINUENT

Lorsque les fleurs s'ouvrent, et que les graines et les fruits se développent, il y a des « luttes » semblables. Les cycles de vie des insectes sont synchronisés pour tirer le meilleur parti de leurs hôtes feuillus. La plupart du temps, les arbres et les insectes sont à égalité. Il arrive à l'occasion que des conditions inhabituelles entraînent une plus grande quantité d'insectes. Les arbres en ont alors pour des années avant de se remettre des dommages.

UNE BRINDILLE QUI FAIT PEUR

Il arrive que des phasmes déploient soudainement leurs ailes aux couleurs vives afin de faire peur à leurs ennemis.

UNE « TÊTE DE CACAHUÈTE »

Les fulgores porte-lanternes ne sont pas de vraies mouches, mais un type de punaise (hémiptères). De plus, la tête étrange en forme de cacahuète ne luit pas comme une lanterne, comme on le croyait jadis. Elle n'a seulement qu'une couleur vive pour attirer un partenaire. Plusieurs fulgores porte-lanternes aspirent la sève des arbres.

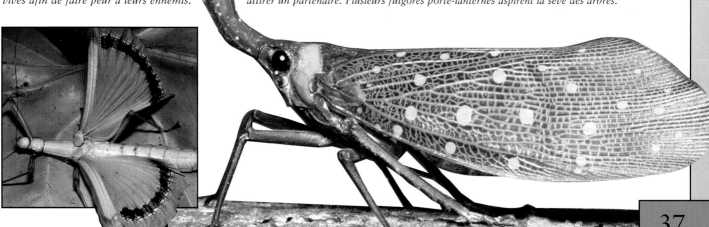

LES INSECTES AQUATIQUES

Aucun insecte ne vit dans le plus gros habitat du monde, soit les océans. Cependant, plusieurs types différents habitent les étangs, les lacs et les rivières d'eau douce. La plupart ne le font que lorsqu'ils sont jeunes, ou larves, et quittent lorsqu'ils ont atteint l'âge adulte.

LA NOTONECTE

Les notonectes (ci-dessus) sont des punaises prédatrices tout comme les gerris (page suivante). Ils se nourrissent d'une manière semblable, mais sous la surface, aspirant les liquides de la proie à l'aide de leur « bec ».

LE BESOIN D'AIR

La majorité des insectes respirent de l'air par de petits orifices situés le long des côtés de leur corps. Quelques insectes aquatiques, comme le dytique marginé, utilisent également ce système. Ils doivent donc remonter régulièrement à la surface pour se faire des réserves d'air frais.

RESPIRER PAR DES BRANCHIES

La majorité des insectes qui demeurent sous la surface de l'eau respirent à l'aide de branchies. Celles-ci sont habituellement des parties qui semblent duveteuses et qui sont situées à l'extrémité de la queue ou sous le corps. Lorsque le sang circule à travers les branchies, l'oxygène dissou dans l'eau se diffuse dans le sang. Les branchies occupent une grande surface de manière à prendre beaucoup d'oxygène. Les nymphes des libellules, des demoiselles et des éphémères communs respirent toutes de cette façon.

LE CHEF DE L'ÉTANG

Dans plusieurs petits étangs, la nymphe de la libellule est le prédateur en tête, attrapant de petits poissons, des têtards et même de jeunes grenouilles.

UNE PUNAISE D'EAU

Ce bélostome (à droite) possède des pattes antérieures en forme de « canif », comme celles d'une mante, pour attraper ses proies. Il se tapit parmi les herbes aquatiques et fonce pour piéger ses victimes.

MARCHER SUR L'EAU

Les gerris sont de vraies punaises (hémiptères),
passés maîtres dans l'art d'effleurer la surface de
l'eau ou d'y glisser sans couler. Leurs pattes sont
frangées de plusieurs petits poils qui emprisonnent
l'air et soutiennent leur poids sans briser la surface.
Les pattes antérieures détectent et capturent les
petites proies prises à la surface. La paire de pattes
du milieu rame comme des avirons, alors que
la paire de pattes postérieures sert à diriger.

Les gerris peuvent sauter et voler ainsi que glisser sur l'eau.

DES PRÉDATEURS ET DES PROIES

Certaines nymphes aquatiques sont des chasseuse, comme celles des libellules et des demoiselles. Elles attrapent toutes les petites créatures
aquatiques phytophages qu'elles peuvent maî-
triser, même les nymphes des éphémères communs et des perles. Toutes ces nymphes passent
entre une à trois année sous l'eau, grandissant
et perdant leurs enveloppes de la manière habi-
tuelle. Puis, elles escaladent les tiges jusqu'à ce
qu'elles sortent de
l'eau, fendent leur
enveloppe et en
sortent sous forme
d'adultes ailés.

LA CORYDALE
CORNUE

*Les nymphes de la corydale
cornue vivent sous l'eau
pendant quelques années, se
transforment en pupes, puis
ressortent en adultes avec
des envergures de 15 cm.*

LA PONTE DES ŒUFS

*Une demoiselle femelle pond
ses œufs dans les tiges
de plantes aquatiques
comme les roseaux.*

39

Les déserts sont parmi les habitats les plus rudes, étant donné que le manque d'eau cause d'énormes problèmes. Cependant, plusieurs insectes, avec leurs œufs résistants et leurs enveloppes étanches, peuvent y survivre.

LA NOURRITURE ET L'EAU

Dans plusieurs régions broussailleuses et désertiques, la nourriture est rare. Lorsqu'il y a peu de nourriture disponible, les insectes peuvent simplement ralentir leur métabolisme, devenir inactifs, et s'abriter dans les rochers et le sable. Cela est très différent des oiseaux et des mammifères, qui sont actifs et à sang chaud, et qui doivent manger régulièrement. En une année, un gros coléoptère mange moins d'un pour cent de la nourriture qu'ingère une souris de la même taille.

Les cycles de vie des insectes des déserts sont compatibles avec les conditions difficiles et changeantes. Les œufs résistants survivent à des chaleurs torrides et à de longues sécheresses. Lorsque les pluies arrivent et que cela favorise la croissance des végétaux, les œufs éclosent, et les larves ont de la nourriture.

BOIRE LE BROUILLARD

Dans le désert de Namib, un ténébrion soulève son abdomen dans le brouillard du matin. Il boit les gouttes d'eau qui glissent le long de son corps.

ROULER DES DÉJECTIONS

Dans le désert, les déjections d'animaux représentent des sources précieuses d'humidité et de nutriments. Le bousier façonne une motte en boule, la fait rouler, creuse un trou, y dépose la boule, pond ses œufs dessus et la recouvre. Lorsque les larves éclosent, un délicieux repas les attend.

LE GRILLON DE JÉRUSALEM

Le grillon du désert est très différent de ses parents qui habitent les forêts. Son corps de couleur pâle lui permet de se camoufler dans le sol sablonneux. Il peut, grâce à ses membres puissants, creuser rapidement pour trouver de la nourriture et pour se cacher de ses ennemis.

LA MUTILLE

Cette « fourmi » qui semble duveteuse est en réalité un type de guêpe. La femelle aptère court sur le sol à la recherche d'une pupe d'une autre guêpe. Elle pond ses œufs à l'intérieur de cette pupe, et ses larves mangent la pupe vivante.

LES CRIS SEXUELS
Comme dans plusieurs autres habitats, plusieurs coléoptères du désert laissent des traînées d'odeurs spéciales et frappent doucement le sol avec leurs pattes pour attirer un partenaire.

LE JOUR ET LA NUIT

Dans le désert, certains insectes sortent durant le jour, comme les criquets et quelques papillons. Toutefois, la majorité des insectes sortent seulement la nuit. Ils évitent ainsi la chaleur intense et d'être desséchés par le soleil. Dans la noirceur, ils peuvent également éviter les prédateurs. Ces insectes nocturnes comprennent plusieurs types de coléoptères qui examinent le sable à la recherche de petits bouts comestibles.

LE MÉLOÉ

Lorsqu'ils sont attaqués, certains types de méloés, ou scarabées à huile, suintent un liquide huileux dont le goût est horrible et qui peut causer des cloques. Plusieurs de ces méloés pondent leurs œufs dans les larves d'autres insectes.

LES FOURMILIONS

Les fourmilions s'apparentent aux chrysopes et possèdent des ailes semblables, soit larges et qui ressemblent à de la dentelle. Ils chassent les petits insectes et ils aspirent leurs fluides corporels à l'aide de leurs pièces buccales pointues, creuses et en forme de tube. La larve du fourmilion creuse un trou en forme de cône dans le sol sablonneux et attend enterrée au fond. De petites proies, comme les fourmis, tombent et glissent dans le trou. La larve les saisit alors avec ses grosses mâchoires en forme de tenailles.

Les fourmilions adultes ressemblent à des chrysopes, mais leurs antennes sont plus longues et courbées ou en massues.

LES INSECTES ET NOUS

Sur la Terre, la majeure partie du réseau de la vie dépend des insectes. Ils sont à la fois prédateurs, proies et pollinisateurs dans presque tous les habitats terrestres. Cependant, ils sont également nuisibles, nous causant du tort ainsi qu'à nos animaux domestiques, à nos animaux d'élevage et à nos cultures.

DES POLLINISATEURS ESSENTIELS

Les papillons, les mouches, les abeilles, les coléoptères et plusieurs autres insectes transportent des grains de pollen, ce qui aide les fleurs à développer leurs graines et leurs fruits. Sans leur travail, nous cultiverions beaucoup moins de fruits et de légumes savoureux, et beaucoup moins de belles fleurs dans nos jardins.

LES INSECTES QUI NOUS SONT UTILES

En tant que pollinisateurs, les insectes sont vitaux pour nos vergers et nos champs de légumes. Les insectes prédateurs, comme les coccinelles et les chrysopes, attrapent de petits insectes, comme les aphidiens (mouche noire et puceron), ce qui aide à contenir ces insectes nuisibles aux végétaux. Dans le monde, les gens mangent régulièrement plus de 500 types d'insectes, des grillons aux termites en passant par les vers et les chenilles. D'autres insectes fournissent plusieurs produits utiles.

LES PRODUITS DES INSECTES

Les abeilles produisent du miel pour nourrir leurs larves, mais nous en prélevons également pour notre usage. Les vers à soie sont en réalité des chenilles à soie de papillons nocturnes. Ils tissent des cocons autour d'eux, et nous utilisons le fil pour faire de la soie. La gomme-laque est un vernis spécial fabriqué par certaines cochenilles.

De la gomme-laque

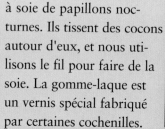

Des ruches

De la soie

S INSECTES NUISIBLES
UR LES POMMES DE TERRE

*oryphore de la pomme de terre se nourrit des feuilles de pommes
erre. Comme bien d'autres insectes nuisibles, cet insecte s'est propagé
de nouvelles régions grâce à des expéditions de nourriture.*

S INSECTES QUI CAUSENT DU TORT

mouches et d'autres insectes transportent des microbes
tuent des millions de personnes chaque année. Des
champs de culture géants ou d'immenses entrepôts
remplis de fruits ou de grains représentent
d'énormes repas pour certains insectes.
Nous vaporisons des insecticides chimiques, mais Ceux-ci tuent également
les insectes non nuisibles qui font
partie de l'alimentation des oiseaux
et d'autres créatures. Ce dom-
mage se répercute le long de
la chaîne alimentaire et boule-
verse l'équilibre de la nature.

PETITE, MAIS UTILE

La mouche des fruits *Drosophila* est attirée par les
vieux fruits moisis. Cette mouche est très importante pour la science. Elle a été multipliée par milliards afin d'étudier l'hérédité, c'est-à-dire la façon
dont les gènes agissent et comment ils sont transmis des parents à leur progéniture. Ces mouches
sont faciles à maintenir, leur cycle de vie n'est
que de 12 jours et elles existent sous plusieurs
formes génétiques, ou mutations, différentes.

*La rouge d'Oxford, une variante de la mouche des fruits,
possède de gros yeux rouges causés par un gène muté.*

UNE INFESTATION DE BLATTES

*Cette blatte femelle pond une coque contenant les œufs, ou
oothèque, qui contient environ 30 œufs. L'une des principales
raisons qui explique le succès de cet insecte est la vitesse à laquelle
il se reproduit. Étant donné leurs courts cycles de vie, ils peuvent
devenir très nombreux en l'espace de quelques semaines.*

LA CLASSIFICATION DES ANIMAUX

Le règne animal peut être séparé en deux principaux groupes : les vertébrés (dotés d'une colonne vertébrale) et les invertébrés (sans colonne vertébrale). À partir de ces deux principaux groupes, les scientifiques classent, ou trient, les animaux selon leurs caractéristiques communes.

Les six principaux regroupements d'animaux, du plus général au plus spécifique, sont : le phylum, la classe, l'ordre, la famille, le genre et l'espèce. Ce système a été crée par Carolus Linnaeus.

Pour voir comment fonctionne ce système, un exemple de la classification des êtres humains dans les vertébrés et de celle des vers de terre dans les invertébrés est montré ci-dessous.

LE RÈGNE ANIMAL

LES VERTÉBRÉS

PHYLUM : Chordata

CLASSE : Mammifères

ORDRE : Primates

FAMILLE : Hominids

GENRE : *Homo*

ESPÈCES : *sapiens*

LES INVERTÉBRÉS

PHYLUM : Annelida

CLASSE : Oligochètes

ORDRE : Haplotaxida

FAMILLE : Lumbricidae

GENRE : *Lumbricus*

ESPÈCES : *terrestris*

LES PHYLUMS DES ANIMAUX

Il y a plus de 30 groupes de phylums. Les neuf groupes les plus communs sont inscrits ci-dessous suivis de leurs noms courants.

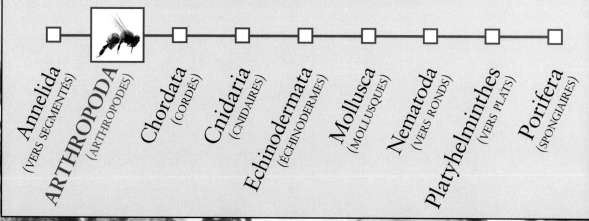

Annelida (VERS SEGMENTÉS)

ARTHROPODA (ARTHROPODES)

Chordata (CORDÉS)

Cnidaria (CNIDAIRES)

Echinodermata (ÉCHINODERMES)

Mollusca (MOLLUSQUES)

Nematoda (VERS RONDS)

Platyhelminthes (VERS PLATS)

Porifera (SPONGIAIRES)

Ce livre met en évidence les animaux du phylum *Arthropoda*. L'exemple ci-dessous permet de savoir comment les scientifiques classent la *viridula* ou la punaise verte des légumes.

LES INVERTÉBRÉS

PHYLUM : Arthropoda

CLASSE : Insectes

ORDRE : Meteroptera

FAMILLE : Pentatomidae

GENRE : *Nezara*

ESPÈCE : *viridula*

Une punaise verte des légumes (viridula)

GLOSSAIRE

ABDOMEN
Chez un insecte, c'est la partie postérieure du corps qui contient habituellement les parties impliquées dans la digestion, l'évacuation des déchets et la reproduction.

ANTENNES
Ce qui permet à un insecte de « sentir ». Habituellement, deux longues parties situées sur la tête qui sont sensibles au toucher, aux odeurs, au goût et aux mouvements, comme le vent et les courants des cours d'eau.

ARTHROPODES
Invertébrés dotés d'un exosquelette et de pattes articulées. Les arthropodes comprennent les insectes, les araignées et les scorpions.

CAMOUFLAGE
La dissimulation d'un animal par les couleurs et les motifs qu'il porte afin de se mêler et de se fondre dans les éléments qui l'entourent.

CUTICULE
La couche ou l'enveloppe externe du tégument d'un insecte offrant à celui-ci une protection.

CYCLE DE VIE
La vie entière d'un animal ou des végétaux. Chez la majorité des insectes, ce cycle se divise en quatre stades principaux : l'œuf, la larve (ou nymphe), la pupe et l'adulte.

ÉLYTRES
La paire antérieure d'ailes rigides et solides d'un coléoptère, qui protège la seconde paire d'ailes utilisée pour le vol.

ÉVOLUTION
Le changement qui s'opère chez les êtres vivants avec le temps de façon à ce qu'ils deviennent mieux adaptés ou compatibles avec les éléments qui les entourent ou leur environnement.

EXOSQUELETTE
L'enveloppe corporelle d'un insecte, avec les muscles reliés à son côté interne, qui agit comme la charpente de soutien ou le squelette du corps.

HABITAT
Un type particulier d'environnement ou de régions, comme un désert, un étang ou un rivage, où les végétaux et les animaux vivent.

INSECTIVORE
Un animal qui se nourrit principalement d'insectes et d'autres petites créatures semblables.

LARVE
Le deuxième stade dans la vie de la plupart des insectes. Elle éclot d'un œuf et est habituellement active, c'est-à-dire qu'elle se déplace et se nourrit.

MANDIBULES
Pièces buccales, qui ressemblent à des mâchoires, dont sont dotés certains insectes.

MÉTAMORPHOSE
Changement de la forme corporelle au cours de la croissance ou du développement.

MIGRATION
Un long trajet régulier, effectué habituellement à la même période chaque année, dans le but d'éviter les conditions rudes comme le froid et la sécheresse.

MIMÉTISME
Lorsqu'un animal n'est pas dangereux ou n'a pas un goût horrible, mais qu'il porte les couleurs ou les motifs lui permettant de ressembler à un autre insecte, le modèle, qui possède ces caractéristiques. Les prédateurs évitent l'insecte imitateur, étant donné qu'il ressemble au modèle.

NECTAR
Liquide sucré fabriqué par les fleurs afin d'attirer les insectes et d'autres créatures pour la pollinisation.

NYMPHE
Le deuxième stade ou stade d'immaturité dans la vie de certains insectes. La nymphe ressemble à l'adulte par sa forme et son aspect généraux.

ŒIL COMPOSÉ
Un œil formé de plusieurs parties ou sections différentes, appelées ommatidies, présent chez les insectes et chez certaines créatures semblables.

PARASITE
Un organisme qui répond à ses besoins, comme celui de se nourrir et de s'abriter, en vivant aux dépens d'un autre organisme, appelé l'hôte, et nuit à l'hôte par le fait même.

PARTHÉNOGENÈSE
Lorsqu'un animal femelle engendre des petits sans s'être accouplé avec un mâle.

PHÉROMONES
Substances chimiques odorantes dégagées par un insecte. Ces substances sont utilisées comme signaux de communication avec les autres insectes du même type.

PUPE
Le troisième stade dans la vie de certains insectes, après le stade de la larve et avant celui d'adulte.

STIGMATES
Petits orifices situés le long des côtés du corps d'un insecte qui permettent à l'air de pénétrer dans le réseau de tubes respiratoires, ou trachée.

THORAX
Chez un insecte, c'est la partie centrale du corps. Celle-ci porte habituellement les pattes et les ailes.

AUTRES RESSOURCES

À LA BIBLIOTHÈQUE

Birch, Robin. *Mosquitoes Up Close,* Chicago, Raintree, 2005.

Maynard, Christopher. *Bugs: A Close up View of the Insect World,* New York, Dorling Kindersley, 2001.

Miller, Sara Swan. *Ants, Bees, and Wasps of North America,* New York, Franklin Watts, 2003.

Robertson, Matthew. *Insects and Spiders, Pleasantville,* New York, Reader's Digest Children's Book, 2000.

Squire, Ann. *Termites,* New York, Children's Press, 2003.

SUR INTERNET
Pour obtenir de plus amples renseignements sur les *insectes,* utilise *FactHound* pour trouver les sites Web reliés à ce livre.

1. Rends-toi sur le site www.facthound.com ;
2. Pour ta recherche, tape un mot relié à ce livre ou le numéro d'identification du livre : 0756512506 ;
3. Clique sur le bouton *Fetch It.*

FactHound trouvera pour toi les meilleurs sites Web.

INDEX

48